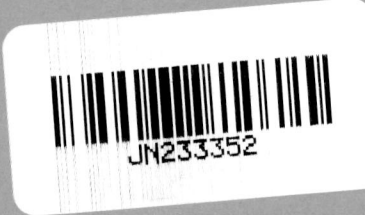

読み聞かせわくわくハンドブック

家庭から学校まで

代田知子・著
（図書館司書）

一声社

もくじ

はじめに

私は、父の仕事がら、幸運にも「子どもの本」にかこまれた環境の中で、大の本好きに育ちました。そのおかげで、おとなになった今でも、子どもの本、とくに絵本に目がなくて、電車の中で絵本を読んでにやけたり、ひとりで吹き出している妙なおばさんになってしまったというわけです。そんな私は小さな町の図書館に勤めています。

じつは図書館に勤めはじめたころの私は、絵本よりファンタジーやシリアスな児童文学の方が好きでした。もちろん子どものころ大好きだった絵本への思い入れは強かったのですが、「汚しそうな子には貸したくない。大事にしまっておきたいわ」と思っていました。図書館員なのに、何だか変ですよね。子どもの本は好きでも、子どもは苦手だったんです。

その私が、こんなに絵本と子どもが好きになったのは、子どもたちに本を読み聞かせするようになったおかげなんですよ。

私の「読み聞かせの会」初体験は1986年。図書館で幼児対象の「おはなし会」を初めて開くことになったときのことです。慎重に選んだ本は『ぐるんぱのようちえん』(西内みなみ さく　堀内誠一え　福音館書店)。もし子どもたちが聞いてくれなかったら、司書として立つ瀬がないぞ、と何度も練習しました。

ところが、本番で読みはじめてみると、新しい仕事場で張り切る主人公のぞうの失敗を見て笑う声や、「かわいそう」というつぶやきが聞こえ出し、子どもたちがお話の中にのめりこんでいくようすがぴりぴりと伝わってきたのです。何ともいえぬ心地よい緊張感！　私も「この本好きだよ〜！」という思いをこめて読み終え、とてつもない幸福感を味わいました。その時からです。私の中で絵本が生き生きと輝き出したのは……。子どものために書かれた本なのに、読み手までこんなに感動させてくれるなんて！

私はそのまま「読み聞かせ」の深みにはまり、読み聞かせしたい病、読み聞かせすすめたい病へとまっしぐら。図書館の仕事の中でも、私がいちばん好きなのは、「読み聞かせ」や「語り」や「ブックトーク（本の紹介）」で、お気に入りの本やお話を、１人でも多くの子どもやおとなの人たちに紹介すること。腕のいい「本のコマーシャル屋」を目ざして、日々修行を積んでいます。

今、家庭や学校、保育所や幼稚園、図書館など、あちらこちらで「読み聞かせ」が話題になっていますね。子どもたちへの読み聞かせだけでなく、病院や老人施設でのおとなへの読み聞かせも増えています。また、小学校での読み聞かせボランティア活動も各地で始まりつつあります。

この本では、「読み聞かせ」の魅力とそのパワーについて、そして何人かが集まって読み聞かせを楽しむ「読み聞かせの会」を成功させるちょっとしたコツを紹介したいと思います。これは、私の実践をまとめただけではなく、「読み聞かせの会」をゼロからつくってきた、すてきな仲間たちの工夫や成功例ももとにしたものです。そして、もっと勉強したい人のために、おすすめの資料も紹介しています。

私がこの本を書くことができたのは、私のまわりにすばらしい先輩たちが大勢いたから。生涯を読書運動に捧げた亡き父と、読み聞かせの大先輩である母はもちろんのこと、波木井やよい先生をはじめとする、日本子どもの本研究会の先輩方、東京子ども図書館の「お話の講習会」でお世話になった山口雅子先生、そのほか本当に大勢の先輩や仲間から学んだことや、先達の著した研究書から得た知識が基礎となって、私の「読み聞かせ」が成り立っています。

先輩から受け継ぎ、私の中で育ててきた私なりの「読み聞かせ」。この本が「読み聞かせの会を始めたいのに受け入れてもらえない」「ボランティア仲間とうまくやっていくには？」といった悩みを抱えている方たちに、少しでも役立ってほしいという願いをこめて……。

読み聞かせってなあに？

読み聞かせの会ってなあに？

読み聞かせのミラクルパワー

家庭での読み聞かせQ&A

読み聞かせってなあに？

「読み聞かせ」ということばの意味は、読んで字のごとし。でも、ただ、「読んで聞かせる」だけではない、こんな魅力があるんですよ。

1　読み手と聞き手がいっしょに楽しむのが「読み聞かせ」

「読み聞かせ」というと、むずかしい特別なことのように感じる人もいるかもしれません。でも、人の前では読んだことはないけれど、家ではよく我が子に本を読んでいるわ、という方はきっと大勢いるでしょう。

目の前にいるだれかのために、生の声で心をこめて本を読むのが「読み聞かせ」です。本を読むというただそれだけのことなのに、読み手のハートと聞き手のハートと本の魅力が合わさって、見えない糸で結ばれると、そこに感動の

「読み聞かせ」ということばは？

「読み聞かせ」は、戦後の読書運動の中で生まれ育ったことばです。テレビが家庭に普及しはじめ、テレビの前に釘づけになる子どもが急増すると、このままでは本や活字をまったく読まなくなってしまうと案じたおとなたちが、「子どもに本を！」という運動を各地で繰り広げました。また、子どもに本を読んであげようと思うおとなも増えていきました。

「読み聞かせ」ということば自体は、子どもの本の研究と普及を目ざして1967年に創立された「日本子どもの本研究会」（当時、鳥越信会長、代田昇事務局長）が、「読み聞かせ」と名づけたところから発するものです。他にも「読み語り」、「本読み」など表現は様々ですが、それまで個人でしていた「子どもに本を読んで聞かす」という営みは、読書運動の中で日本じゅうに広がり、子どもに本を出会わせる効果的な方法として認められてきたのです。

輪が生じます。

子どもをひざの上にのせて本を読んであげたとき、その子がうふふっと笑い出したり、体を緊張させたりするのを受け止めながら、あなたもとてもあたたかい気持ちになるでしょう？　これが読み聞かせのパワー。ひとり読みではけっして得ることのできない満足感が、読み手と聞き手の両方に広がるのです。

2 読んでもらえない子は、本に出会えない

ほとんどの絵本は、絵と文が合わさってお話の世界を描き出しています。ですから、字の読めない赤ちゃんや幼児がひとりで絵本の絵を見ていても、絵本を丸ごと味わうことはなかなかできませんし、そこに楽しいお話がつまっていることにも気づかないかもしれません。彼らはだれかに読んでもらった時に、はじめて絵本やお話に出会えます。まさに、人生最初の本との出会いです。

もしもお母さんやお父さんや身近にいるおとなに、本をまったく読んでもらえない子どもがいたら、その子は想像力が豊かでお話の世界を楽しめる、いちばんいい幼児期に、本の楽しさを知るチャンスをもらえないのです。

3 絵本と友達になりましょう

はじめのうちは、赤ちゃんに「さあ、本を読んであげるわ」と読みはじめても、勝手にページをめくろうとしたり、気に入った場面に何度も戻ったり、なかなかスムーズには読めません。どうやら絵本をページめくりのおもちゃだと思っているようで、なめたりかじったりいじくりまわすだけ。おまけにむりやりこちらのペースを押しつけると、「もう、おしまい」とそっぽをむいてしまうからいやになります。

それでも、根気よく読み聞かせを続けていくうちに、少しずつ、お話が楽しめるようになっていくんですね。子どもとのやりとりを楽しみながら、あせらず、ゆっくりと絵本と友達になりましょう。

4 読み聞かせをしてもらった子は、本好きに！

「『本を読みなさい』と口をすっぱくして言っても、ちっとも読まないんだもの……」と、頭を悩ませている親や先生はたくさんいることでしょう。子どもも親も、テレビやビデオのくるくる変わる画面をただ受け止めるだけの娯楽に慣れ、おまけに今や幼児からテレビゲームに夢中というご時世です。本を読むなんてめんどうくさいこと、子どもにさせようっていう方が無理かもしれない、という気にもなってくるかもしれません。

でも、読む楽しさを味わったことのない人（子ども）は、本を閉じたまま差し出されても、何の魅力も感じとれませんよね。だから、ただ「読みなさい」とだけすすめても、おとなの思うようには読んでくれないのです。

ところが、驚くことに「読み聞かせ」を体験して本を読んでもらった子どもの大部分は、「おもしろかった」といいます。そして、回を重ねるうちに「もういちど読んで！」「別の本も読んで！」「自分で読みたいから貸して！」と、ますます本に興味を持ちはじめるのです。

読め読めと言ったり、本の内容をくどくど説明する前に、どれほどおもしろいものか、読んでまるごと紹介しちゃえばいいんですね。

また、「読み聞かせ」はテレビのように一方的に流れ出るものではなく、目の前の人が自分にむかって、自分のために読んでくれるものです。おたがいの感動を肌で感じながら楽しめるからこそ、「おもしろい」と感じるのでしょう。「読み聞かせ」の底力は、この「ライブ感覚」です。

「読み聞かせ」をたくさん経験している子どもほど本好きになっているという事実は、1999年の「学校読書調査」（毎日新聞社）でも明らかになっています。文部科学省も、学校現場での読み聞かせをすすめはじめています。「読み聞かせ」は本好きの子を育てるミラクルパワーを持っているといえるのです。

読み聞かせの会ってなあに？

図書館などでやっている「読み聞かせの会」には、家庭での読み聞かせとはまたちがった楽しさがあるんですよ。

1　読み聞かせの会（おはなし会）へ行ってみよう！

「読み聞かせの会」とはつまり、聞き手を集めて本を読んで聞かせる集まりのことです。図書館などでは、本を読むだけではなく、紙芝居や語り（ストーリーテリング）、パネルシアターなどのさまざまな出し物をおりまぜた会を開き、「おはなし会」と呼んでいることが多いかもしれません。ほかにも「絵本の部屋」など、呼び名はいろいろですが、とにかく子どもたちを集めて本を読み聞かせる会が、今各地の図書館や児童館などで開かれています。月に１回とか毎

「読み聞かせの会」スケジュールの例

ちなみに、私の図書館では、こんなスケジュールで会を開催しています。

〈ぐりぐらタイム〉

絵本２冊以上の読み聞かせのほかに、紙芝居、パネルシアター、語りなど

①１～２歳対象（保護者同伴）　第１・３金曜日　11：00～11：15
②３歳対象（保護者同伴）　第１・３金曜日　11：20～11：40
③４～８歳対象　第２・４火曜日　16：00～16：30

〈としょかん・くらぶ〉

絵本や本の読み聞かせ30分、ブックトーク（本の紹介）20分、参加者がじゃんけんで、借りて帰る本の争奪戦10分

①小学校１～２年生　第４土曜日　10：20～11：20
②小学校３～６年生　第４土曜日　11：30～12：30

週１回などと、曜日を決めて開いたり、対象年齢を決めている場合もあります。
家庭での読み聞かせの合間に、ぜひ読み聞かせの会に参加してみましょう。でも、家でたっぷりと読み聞かせの経験を重ねておくことは忘れないでくださいね。その経験抜きで、子どもをいきなり集団での読み聞かせの中に放りこんでも、みんなといっしょに聞けるはずがありません。

読み聞かせの会では、図書館の司書や、本好きのボランティアの方々が読む本を選んでいるので、自分では選ばないようなタイプの本にも出会えます。また、自分が子どもに何度も読んだ本でも、ほかの人に読んでもらうと新しい発見をしたり、まるで違う感動が得られたりします。読んでもらうと、おとなでも、子どもと同じ目線で本が見えてくるから不思議です。親子どうしではもちろん、いっしょに参加した親どうしで絵本について話す機会もふえるでしょう。これが「みんなで本を楽しむ」効果と魔力です。
子どもが家では少しも興味を示さなかった本なのに、会で読んでもらったら大好きになった、ということもよくあります。読み聞かせの会にまだ参加したことのない方は、さっそく、ご近所情報をチェックしてみましょう！

2 会がなかったら、つくっちゃおう！

「でも、近所に『読み聞かせの会』がないから、うちの子たちは参加できないわ」という方、ちょっと待ってください。子どもが好きで、本やお話が好きな人なら、だれでも読み聞かせができますよね。だったら、ほら、あなたが始めてみませんか？
２人以上の聞き手がいれば、もう立派な「読み聞かせの会」です。気の合うお父さん、お母さんどうしが親子で家に集まったり、場所を借りたりして「今日は、○○ちゃんのお父さんが絵本を読むよ」と始めればいいのです。
あなたが幼稚園や学校の先生だったら、時間を捻出してクラスの子どもたちに読み聞かせをしてあげてください。ボランティアの方に来てもらって読んでもらう時間をつくってもいいですね。初めはほんの10分だっていいのです。10分あれば、読める絵本がたくさんありますよ。

核家族化のすすむ今、親以外のおとなが心をこめて本を読んでくれる読み聞かせの会があれば、子どもたちは自分を見守る社会のあたたかさも感じ取ってくれるでしょう。(会のじょうずな運営方法については、56ページから、詳しくふれています。)

3 読み手がいちばん得かも

「自分の子どもに読むのとは、ぜんぜん違うのねえ。すっごーく、感激しちゃった!」

読み聞かせの会で、読み手デビューをしたKさんは、頬を紅潮させて、こう話してくれました。お母さんにつきあって「お客」のひとりにさせられた幼稚園の娘さんもうれしそう。自分のお母さんの読む本に、大勢の子どもたちが夢中になったのだもの。彼女の目が「うちのお母さん、すごいでしょ」と語っていました。

読んでもらった子どもたちは、もちろん読み聞かせを存分に楽しみます。でも、いちばん楽しんでいるのは読み手かもしれません。集団にむけて読むために練習をする手間は少しかかりますが、自分の声に聞き入る子どもたちの心の動きを体感できる「読み手ならではの緊張感と心地よさ」は、一度味わうとなかなか忘れられませんよ。(絵本のじょうずな読み方については、詳しくは44ページからを見てください。)

読み聞かせのミラクルパワー

「読み聞かせ」や「読み聞かせの会」がどんなものかお話してきましたが、では読み聞かせの魅力やパワーって？　私が出会った例から具体的にお話してみましょう。

1　親と子の心が深くかよいあう

ある日曜日、私の図書館の「おはなしコーナー」（靴をぬいで上がり、座りこんで本が読めるスペース）で、お父さんが3歳ぐらいの男の子に絵本を読んでいました。読んでいたのは『チューチューこいぬ』（長新太さく　BL出版）。お母さんのおっぱいを飲んでいた3匹の子犬が、お母さんとはぐれておっぱいを探しに行くお話です。鳥に出会って「チューチュー、……おっぱいは、でません」とがっかり。消防自動車にも、魚にも、山や木にもチューチューするけれど、「おっぱいはでません」とくり返し、最後にやっと母さん犬のおっぱいにたどりつくという、ナンセンスユーモアがきいた愉快な絵本です。

父親が、せいいっぱい大げさに「おっぱいはでませーん！」と読み上げるたびに笑い声をあげる男の子。あんまり楽しそうなので、私もカウンターの中からついつい聞き耳をたてていると、やっぱり3歳ぐらいの男の子がうらやましそうに見ています。その時、お父さんがいいました。「おっぱいはでませーん」の口調そっくりに、「お友達もいっしょに聞いてくださーい！」ってね。すると、その子に気づいた息子も、うれしそうに「いっしょに聞いてくださーい！」。こんな誘いのことばに、その男の子も「あははっ」と笑い出し、自然に仲間入りできました。なんてすてきなお父さんでしょう。この時の息子の誇らしげな顔といったらありませんでしたよ。

子どもにとって、親が本を読んでくれるということは、字を声に出して読んでくれるというだけではありません。子どもはその時、親が自分といっしょに絵やお話の世界を共感してくれていると感じているはずです。そして同時に、自分に注がれている親の愛を肌で感じるから、あんなに幸せそうな顔をするのでしょうね。「読んで」「読んで」とねだるのは、単に本を読んでほしいだけではなく、親との心のふれあいを求めているのです。

せっかく読んでくれても、親が早くすませようと思ってせかせか読んだり、「おまえのために読んでいるんだからきちんと聞きなさい」と押しつける態度では、子どもも楽しめないでしょう。読み聞かせの時間は、親も子も本の世界に身をあずけてゆったりと楽しみたいですね。

『チューチューこいぬ』

2 想像力を育てる頭の体操

1～2歳対象のおはなし会でのこと。お客さんの中に8か月ぐらいの赤ちゃんをおんぶしているお母さんがいました。お兄ちゃんを連れてきてくれたお母さんです。私は、「赤ちゃんにはまだ絵本は無理だもの。泣いてじゃましてしまうんじゃないかしら」と内心あやぶんでいましたし、そのお母さんも心配そうでした。

ところが、『いないいないばあ』（松谷みよ子文　瀬川康男画　童心社）を読みはじめたとき、会場のいちばんうしろに座ったお母さんの肩ごしに、おぶわれた赤ちゃんが顔をのぞかせ、「ばあっ」と言っているのに気がつきました。「あの子、本がわかるの？」と驚いて見ていると、赤ちゃんの目は、絵本の中のくまさんやきつねさんをじ～っと見つめ、ちゃんと読んでいる私といっしょに「ばあっ」と言うのです。「すごい、すごい。赤ちゃんはすごい。この絵本もすごい！」読み終えてからも私はどきどきと興奮して、しばらくその赤ちゃんのことばかり考えていました。

絵本の中の絵は静止していて動きません。けれども、読み聞かせで絵とことばがいっしょにとどけられると、赤ちゃんは静止したくまの絵を自分の頭の中でしっかりと動かし、「ばあ」という声までイメージするのです。どんどん勝手に動いていくテレビの映像を見ている時とくらべたら、とても高度な頭の体操ですね。しかも生身の人間どうしが心をかよわせながら、楽しんで、自然にしている頭の体操です。

この赤ちゃん、すっかりおはなし会の常連になってしまったんですよ。

『いないいないばあ』

3 美しいことばを育てる

私の甥が、２歳になったばかりの時のこと。ことばが遅い遅いと気にしていたおばあちゃんが、興奮しながら言いました。「タクミったら、ゆうべ月を見て、『おつきさま、こんばんは』だなんて、ちゃーんとお辞儀して言うのよ。『おつきさま』なんてきれいなことばをどこで覚えたのかと思ったら、保育所で絵本読んでもらったらしいの」

『おつきさまこんばんは』（林明子さく　福音館書店）は、暗い暗い夜の空に顔を出した月が、突然、黒雲にかくされてしまい、「だめ　だめ　くもさん/こないで　こないで」「くもさん　どいて」とはらはらさせます。でも、また顔を出し「おつきさまが　わらってる/まんまる　おつきさま/こんばんは/こんばんは」と、満足して終わり、静かな感動を伝える赤ちゃん絵本です。

いい絵本の中には、美しい絵とともに、磨きぬかれたすてきなことばがちりばめられています。読み聞かせでは、美しい日本語やリズミカルな文章が耳から入りこみ、無意識に多くのことばを修得できます。じつは、私たちは日常語の大部分を耳から聞いて覚えています。ましてや字を読むことのできない赤ちゃんや幼児がことばを修得するには「聞く」しかないわけですから、美しいことばとの出会いは大切にしたいですね。

とくに小学校低学年までは、ちょっとむずかしいことばでもあっという間に覚え、吸収してしまいます。この時期に受ける読み聞かせは、その子のことばを豊かに育んでくれるのです。

『おつきさまこんばんは』

4　みんなで読むと、もっともっと好きになる

3歳対象のおはなし会で『しろくまちゃんのほっとけーき』（わかやまけん　こぐま社）を読んだ時のこと。会の終わりにはいつも、今日読んだ本と、そのほかの絵本を数冊紹介して貸し出しているのですが、その日は『しろくまちゃんのほっとけーき』に人気が集中。本の取り合いになってしまい、借りられなくて泣き出した女の子がいました。「本の数がたりなくてごめんね。こんど借りてね」と言うと、お母さんが「いいんです。うちに同じ本があるのに、いくら言ってもちがう本だってきかないんだから」と困り顔。その子は「ちがうんだもん」と泣き続けていました。

この本でいちばん盛り上がるのは、見開きの2ページに、フライパンがいくつも並び、ホットケーキが焼き上がるまでが描かれた場面。ホットケーキの種が「ぽたあん」とフライパンに落ち、「どろどろ」「ぴちぴちぴち」「ぷつぷつ」と読んでいくと、いいにおいがしてきそうで、子どもたちの目はきらきらと輝いて、読み手といっしょに「やけたかな」「まあだまだ」と言いはじめます。隣に座った、今日はじめて会った子どもどうし、お母さんどうしがにこにこ顔で心もひとつ。１冊の絵本をみんなで読むと、「みんなの楽しい気持ち」が加わって、同じ絵本の魅力が何十倍にもなるんですね。

この女の子のお母さんにその後図書館でお会いすると、「あれから、あの本を何度も読まされました。おはなし会で読む前は、見むきもしなかったのにねえ」と、笑っていらっしゃいました。

『しろくまちゃんのほっとけーき』

5 大きくなっても読んでほしい！

小学校１～２年生を対象に読み聞かせと本の紹介をする会で、「この会のどこが好き？」と子どもたちにたずねてみました。すると、55 人中 40 人が「本を読んでもらえるから」という答え。小学校に入ったとたん、お母さんも先生も本を読んでくれなくなっちゃった……、と口をとがらせて訴えるのです。

その時、１人の女の子が「うちのお母さんは読んでくれるよ」と発言し、あちこちから「いいなー」とうらやましそうな声。そこで、その女の子に「読んでもらうとうれしい？」と聞くと、こんな素敵な答えをもらいました。

「うれしいよ。だって、自分で読むと何ともない本でもね、読んでもらうと悲しい本は泣けてきて、おかしい本はげらげら笑っちゃうから」

小学校に入って字が読めるようになっても、子どもはまだまだ本の中の文字を追うので精一杯。物語を読みこんで感動するところまではなかなか行きつけません。ですから、自分で読む練習をするのも大切ですが、ときどきは読み聞かせもしてもらって、本の世界を心から楽しむことも必要です。字を読む訓練ばかりで本の中味が楽しめなかったら、だんだん読みたくなくなってしまうでしょう。

読んでもらうと泣けると言った女の子は、よく本を読む子です。次から次へと本に手を伸ばすその子には、読み聞かせで感動を共感してくれるお母さんがついていたのです。

6　物語は心を解放してくれる

「集団になじめないストレスから登校拒否になりかかっているんですが、本は好きだから何とかここでお友達ができればと思って」という親の相談を受け、読み聞かせと本の紹介をする会に参加しはじめた、新１年生のＡ君。はじめはそこにいるだけで、気の毒なほど緊張し、つらそうで、だれとも口をききませんでした。でも、読み聞かせる絵本の世界に引きこまれている間だけは、なんとか集団の中にいることを忘れられるようでした。

そんな彼の表情が、回を重ねるごとにやわらかくなり、半年後にはみんなと

本離れしやすい年齢は？

じつは、親や先生が、ほとんど読み聞かせをしてくれなくなる小学校３、４年生のころに、本離れしてしまう子どもが多いんですよ。

読書力が身につくまでには個人差があります。○年生になったから読み聞かせは必要ない、なんて決めつけないでくださいね。読み聞かせの会では、おとな顔負けの体格をした５、６年生でも絵本の絵に見入り、物語に耳をそばだてます。中学生の授業で読み聞かせをすると、はじめははにかんで無関心を装ったりすることもありますが、本がおもしろければ自然にリラックスして聞くのを楽しみ出します。

小学校３年生以上の子たちには、読み聞かせだけでなく、本の紹介をうまく組み合わせるのがコツ。読み聞かせをきっかけに「また本を読んでみようかな」と本の魅力を思い出してくれるでしょう。

声を合わせて笑うようになったのです。そして2年生になった彼が、「同じクラスの子が入りたいって」と友達を連れてきた時は本当にうれしかった！

とうとう6年間会に参加しつづけて、読書家に育ったA君が会を「卒業」する日、お母さんからお手紙をいただきました。そこには、たくさんの本を紹介してもらったことへのお礼などが丁寧につづられ、最後はこう結ばれていました。「思えば、新しい環境への不安に押しつぶされそうになっていた息子は、本の中の世界でのびのびと心を解放させることでずいぶんと救われ、気持ちも安定したのだと思います。6年間、お世話になりました」

読書は、主人公になりきって、はらはらする冒険をしたり、不思議な世界を味わったりと、現実を離れて本の世界に入りこめるから楽しいのです。泣いたり笑ったり、憎んだり怒ったり、フィクションの中で感情を発散できた時、心が解放されます。また、物語の中で自分と同じような悩みをもつ人間に出会って安心したり、自分とは違うさまざまな人生を見るうちに視野が広がり、物事を楽観的に見る力もついていきます。

そんな読書の楽しさを子どもに伝えるためにも、読み聞かせは大事なのです。

家庭での読み聞かせQ&A

家庭では、読み方などはあまり気にしないで大丈夫。親子で「読み聞かせのひととき」を楽しめればいいのです。困った時のアドバイスをまとめてみました。

Q&A

読み聞かせする時間がなかなかつくれないのですが？

家事や育児、そして仕事でくたくたのお母さん。読む時間をつくるのは大変ですよね。でも、1冊の赤ちゃんむけ絵本をゆっくり読むのにかかる時間は3分。もう少し大きい子むけの絵本でも、10〜15分あれば読めるものがほとんどです。家事に追われる手をちょっととめて15分、寝かしつける前の15分など、なんとか時間を捻出して、どうぞ子どもに本を読んであげてください。

子どもはお話を楽しみながら、自分のために読んでくれている親のあたたかさを感じています。それに親の方も、子どもの思いがけない反応や成長に気がついたりします。こんなぜいたくな時間が持てるのは、子どもが小さい今のうちだけですよ。

おとなになってから、なんども読んでもらった絵本と再会すると、懐かしさとともに心があたたかくなります。それは、その絵本を読んでもらった自分の幸せな子ども時代がいっしょに思い出されるからです。子どもは親が本を読んでくれたことを、いつまでも忘れないでしょう。

Q&A

忙しい時にかぎって「読んで」と本を持ってくるのですが？

子どもが親に「本を読んで」という時は、本を見たいからというだけではありません。「読み聞かせ」で味わえるあたたかさを知っている子どもは、親にかまってもらいたい時、「読んで」と言ってせがみます。

昼間保育園ですごした子が家に帰るなり、お母さんを独占できる「読み聞かせのひととき」をせがむ気持ちはよくわかりますよね。また、親が忙しくてイライラしていると、子どもはよけいに愛情を確認したくて「読んで」と言ってくるのでしょう。その気持ちを理解して、できるだけすぐ読んであげてください。どうしても時間がとれない時には、しっかり抱きしめて「ごめんね」と言って、かならずあとで読んであげてくださいね。

Q&A

いつも同じ絵本ばかり読んでとせがまれるのですが？

同じ絵本をなんどもせがむ子は、お気に入りの言い回しや絵がでてくる場面で、いつも大喜びするでしょう？　赤ちゃんや幼児は、自分が知っているものに出会うと安心し、知っている喜びをくり返し確認しています。そうすることで、知識を身につけたり、感性を育んだりしているのです。

また、子どもは読んでもらうごとに、絵本の中に新しい発見をしています。くり返し読んでもらいながら、その絵本のすみずみまで楽しんで、絵本から栄養をもらっているのです。満足いくまで楽しめば、かならず別の絵本にも興味を示す時がきます。根気よくつき合ってあげましょう。

年齢のわりにやさしい絵本ばかり好むのですが？

絵本のリストなどにのっている対象年齢は、どの子にも当てはまるというものではありません。子どもがどの程度むずかしい絵本まで理解できるかは、同じ年齢でも個人差がありますし、その子がどれくらい本の世界を楽しんできたかという「読み聞かせ歴」によっても大きく変わってくるからです。読んでもらった時に「楽しい」と感じなければ、本が好きにはなりません。無理をせずに今いちばん楽しめる絵本をたくさん読んであげてください。

短いお話しか聞けない子に、今電車に夢中なので、線路から逃げ出す機関車のお話『いたずらきかんしゃちゅうちゅう』（バージニア・リー・バートンぶん・え　むらおかはなこやく　福音館書店）を読んでみたら、長いのに最後まで聞けた、ということもあります。親子でいろいろ読み合ううちに、今のうちの子にぴったりな本に出会えますよ。

きょうだいいっしょに読み聞かせする時の本選びは？

最初は弟のための本、次はお姉ちゃんのための本、というように順番に読んでみたらどうでしょうか。私が４歳の甥に絵本を読んでいると、そばで聞いていた小学校５年生の姪のほうが夢中になってしまったりすることがよくあります。

逆に、４歳の甥の方は、少しむずかしい絵本でも、お姉ちゃんにつられてがんばって聞こうとしているようです。自分にはやさしすぎたり、少しむずかしい絵本でも、家族でいっしょに読めば、楽しめることが多いですよ。

Q&A

なんとか夫にも子どもに絵本を読んでやってほしいのですが？

　父親にかぎらず、男の人に本を読んでもらうと、深い安堵感を覚え心がほかほかしてきますね。それに、子どもは、男性が読むと本当に不思議とよく聞きます。女性の声では味わえない魅力があるのでしょう。私の図書館でも、男性職員の読み聞かせの日は大人気。ましてや、忙しいお父さんが今日はゆっくり本を読んでくれるとなれば、子どももうれしくなるでしょう。

　鬼や大男が出てくるお話や、男の人が主人公の絵本はぜひ男性に読んでほしいと思いますし、父親のセリフに味がある作品などは、まさにお父さんに読んでもらうのがぴったりです。

「この絵本、お母さんじゃだめ。お父さんの雰囲気にぴったりよ。」と、もちかけてみませんか？　読んでくれたらとにかくほめましょう。

　最近の図書館では、お父さんが子どもと本を借りに来たり、お父さんどうしが絵本の話をしていたり、おはなし会にお父さんが顔を出したりと、父と子で本に親しむ姿があたりまえに見られるようになりました。利用者で「うちではお父さんしか読み聞かせをしない」という家族もあるくらいです。

　でも、どうしても読みたくない父親がいやいや読んだのでは、逆効果。子どもも父親も楽しめず、本嫌いになってしまいます。「読み聞かせ」は、読みたい人がやるものですから。

Q&A

キャラクター絵本ばかり読みたがるのですが？

子どもは自分が知っているものをなんでも見たがりますから、なじみのキャラクターが出てくる絵本にひかれるのは仕方がありませんね。でも、こういった絵本には、アニメーションやテレビ番組の二番煎じとしてお手軽につくられた、ストーリーや画面構成もおそまつなものが多いようです。子どもでもおとなでも、お話がおもしろく、本そのものに満足できる作品と出会ううちに本が好きになっていきます。でも、子どもがキャラクター絵本を読む時は、それを絵本として楽しんでいるのではなく、アニメを思い出したりキャラクターへの思いを強めたりしているにすぎないのです。

私は、子どもがキャラクター絵本を見たがるのは、おとなが好きなタレントの主演映画のパンフレットを求めるようなものだと理解しています。それなら、絶対ダメ！　というのも気の毒ですね。

それに、どんなに好きなキャラクターでも、そのうちあきてしまうものですから、あまり気にしないことです。合間に、ほかのいろいろな絵本を読んであげましょう。

Q&A

親の読ませたい本に興味を持ってくれないのですが？

子どもの見たがる絵本が親の意向と食い違う時、「そんな本、ダメよ」などと子どもの意志を真っ向から否定するのは逆効果。ぜひ読み聞かせしたい絵本があるのなら、「○○ちゃんの好きな絵本ばかりじゃずるいよ。次はお母さんの好きな本を読ませて」と言って、３回に１回は親のすすめる絵本を読んでみてください。お母さんやお父さんが好きだと聞けば、子どもは興味を持ちます。

また、近くの図書館などの読み聞かせの会に参加して、集団の中でいろいろな本を読んでもらうのもいい方法です。みんなで笑ったり、どきどきしたりすると、とたんにその絵本が大好きになることも多いのです。（17ページ参照）

第1章 いい絵本を選ぶには？

第1章 いい絵本を選ぶには？

ずらりと並んだ絵本の前に立つと、「いったいどれが、子どもが喜ぶ、いい絵本なの？」と悩んでしまうものです。この章では、絵本を選ぶ力がつくコツを紹介します。

1 いい絵本とは

（1）絵本の世界を楽しめるのが、いい絵本

ここでいう「いい絵本」とは、「ためになる絵本」という意味でも、「有名な絵本」という意味でもありません。子どもが自分で読んだり、人に読んでもらった時に、絵本に描かれた世界の中に自然に入りこむことができて、存分に楽しめる絵本、読み終えたあとに深い感動をのこし、子どもの心を豊かに育んでくれる絵本。こんな絵本を、私は「いい絵本」だと思っています。

もちろん、ひとりひとりの性格や環境によって、「いい絵本」は多少違ってくるでしょう。でも、長年子どもたちに読み聞かせをしているうちに、「この絵本には、どの子も夢中になった」という絵本に何度も出会ってきました。多くの子どもたちの心にひびく「いい絵本」がたくさんあるんですよ。

（2）本選びが大切！

家庭での読み聞かせでは、親子で楽しめる本を自由に選べばそれでOK。でも、みんなを集めて読み聞かせをする場合には、その場にふさわしい本が選べたら、その読み聞かせはもう80％成功したようなもの、といえるくらい本選びが大切です。どんなに心をこめてじょうずに読んでも、その本に魅力がなければ、せっかくの読み聞かせもその場かぎりのお楽しみで終わってしまいます。「本はおもしろい」と思ってもらえるような絵本を選びましょう。

毎年、新刊の絵本だけでも千点近く発行されています。本屋さんへ行けば、

「子どもの感性をなめているのでは？」と疑いたくなるような雑なつくりの絵本や、はやりのキャラクターを使っているだけで、ストーリーにも画面構成にも工夫のない絵本が目立つ場所に並べられています。いい本だ、とすすめられた本を買いに行っても、本屋さんにないこともよくあります。本選びの道はけわしそうですね。

でも、あきらめないでください！　近所の図書館をどんどん利用していろいろな絵本を見てみましょう。それに、本屋さんにない本は、たのめば取りよせてくれるし、インターネットでも本がたくさん買えるようになりましたね。読み聞かせを成功させるカギは、何といっても本選びなのですから、ぜひたくさんの本を知ってください。

2 子どものための絵本を選ぶめやす

私は、子どもに絵本を出会わせる活動をする仲間の勉強会に参加しています。すばらしい先輩方から学んだこともたくさんあります。そうして得た知識や、私自身の読み聞かせ経験をもとに、絵本を選ぶときの目のつけどころを紹介したいと思います。

でも、いちばん大切なのは、その絵本を楽しめたかどうか、あなた自身の感想です。その上で、これからふれるいくつかのポイントを思い出して「この絵本はどうかしら？」と考えてみましょう。くれぐれも、「選ぶめやす」にふり回されないようにしてくださいね。

そして、絵本を選ぶ（読む）時は、とにかくゆったりと楽しんで読んでください。時間に追われ気もそぞろに読んでしまったために、その絵本のよさを見落としてしまうことがよくあるのです。

（1）ストーリーやテーマがわかりやすいか？

とくに小学校低学年までの子どもには、主人公がはっきりわかり、子どもがその主人公になりきってお話の世界を楽しめるものがむいています。また、何度も回想シーンが入ったりして、物語が時間の流れにそって展開していかなかったり、テーマや事件が盛りだくさんで整理されていない作品だと、内容が伝わりにくいものですよ。

（2）ストーリーが機知に富み、おもしろいか？

おとなは、絵がきれいだとついそれだけで「すてきな絵本」と思ってしまいがちです。でも、子どもはまず、お話のすじを追って「それからどうなる？どうなる？」と読んでいきます。絵は素敵でも、子どもの気をそらさずに次々と何かが起こり、読者をぐいぐい引っぱっていく魅力的なストーリーがなければ、子どもの心はつかめません。

（3）リズムがある美しい日本語か？

赤ちゃんむけの絵本ほど、歌うようにリズミカルなことばが大事。声にのせたとき心地よく感じることばは、体の中にすんなり溶けこみます。選ぶ時には声を出して読んでみて、ことばの感じを確かめてみてください。

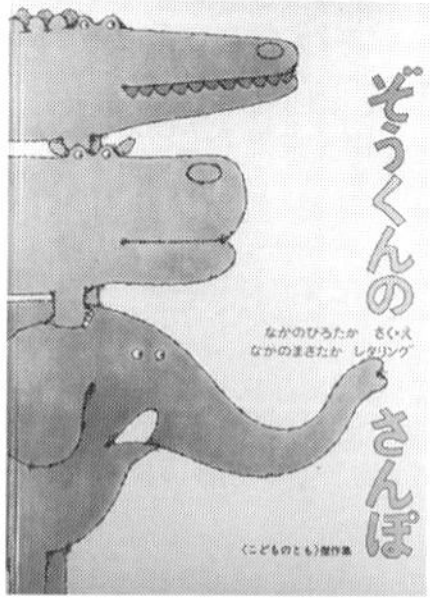

『ぞうくんのさんぽ』
なかのひろたか さく・え
なかのまさたかレタリング
福音館書店

★「きょうは　いいてんき。
ぞうくんは　ごきげん。
どれどれ、さんぽにでかけよう」
体に心地よいリズミカルなことば。

（4）くり返しがうまく生かされているか

とくに赤ちゃんや幼児むけの絵本では、できごとやことばが、効果的にくり返されていることが大切です。

絵本の中で「くり返し」に出会うと、子どもは次の展開を予測することができます。そして、読み進むうちに「やっぱり、そうだった！」と自分の予測が当たった喜びを満喫します。こうしてくり返しを楽しむうちに、ことばや知識が体にしみこんでいくのですね。それに、くり返しがうまく生かされていると、ことばにリズムが生まれ、ストーリーにもメリハリがついてきます。

（5）生き生きとした魅力ある絵か？

子どもはかわいい絵が好き、と決めつけないでください。かわいいだけで、登場人物に表情がなかったり、絵に力が感じられない絵本もあるのです。絵本の絵には、水彩画、油絵、鉛筆デッサン、版画、貼り絵、コンピューターグラフィックスなど、いろいろな手法で描かれたものがあり、雰囲気もさまざまです。いろいろな美しい絵と出会わせてあげたいですね。

とはいえ、どんなに芸術性が高くても、子どもには何が描かれているか理解できないほどデフォルメされていたり、抽象的に描かれた絵は、子どもが読むにはむかないことが多いです。

『くだもの』
平山和子さく
福音館書店

★こんな写実的な絵も好き。「さあどうぞ」の場面で絵本に手を伸ばして食べるまねをする子が多い。

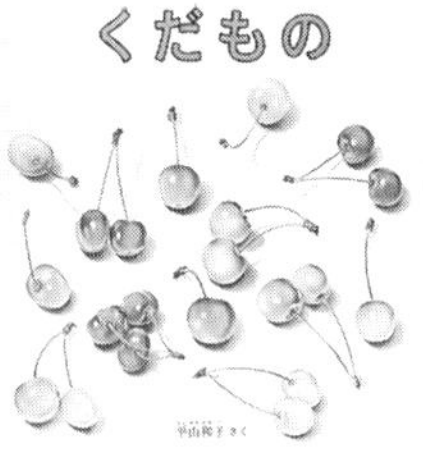

『かいじゅうたちのいるところ』
モーリス・センダックさく
じんぐうてるお やく
冨山房

★コルデコット賞を受賞し、世界じゅうで愛されている絵本。子どもの方が見る目がある！

(6) 絵を追うだけでストーリーがわかるか?

字の読めない幼児のためには、お話の場面ごとに絵がついていて、絵を追うだけでもストーリーがわかるような絵本がむいています。でも近頃、マンガのようにページをコマ割りにしたり、人物の動きを表現するために、一画面の中に同一人物をいくつも描く絵本が増えてきました。そういう絵を、お話に合わせてじょうずに追うことができるようになるのは、だいたい3歳児くらいから。小さい子は、絵や画面が複雑だと、混乱してしまうようです。

★小さい子は3人いると思ってしまう……。

(7) ストーリーと絵が調和しているか?

お話の雰囲気にぴったり合った絵がついているかどうかも、選ぶポイントです。深い森の中で不思議な体験をする、というお話に、あっけらかんとして明るいタッチの絵がついていたのでは、ちぐはぐな感じがしますね。お話のかもし出す不思議さを伝える絵がついてこそ、イメージが広がります。どんなにきれいな絵でも、いい味のある絵でも、お話の内容に合っていなければ、逆にお話を殺してしまうのです。

同じ画家でも、お話に合わせて、こんなにタッチの違う絵を描いています。

『三びきのやぎのがらがらどん』
マーシャ・ブラウンえ
せたていじ やく
福音館書店

★骨太の北欧の昔話を力強いタッチと色で描く。

『ちいさなヒッポ』
マーシャ=ブラウンさく
うちだりさこ やく
偕成社

★淡い色彩の版画で水の中や川辺のようすを表現。

（8）子どもに理解でき、共感をよぶようにかかれているか？

「これ、だれが読むの？」と首をかしげてしまうような絵本があります。たとえば、「赤ちゃん絵本」とうたいながら、むずかしいなぞなぞが出てくる絵本などです。読む子どものことをきちんと考えてつくられている本では、ことばづかいに気を配るのはもちろんのこと、お話の中に子どもの知らない事物や未知の文化や価値観が出てきた時にも、子どもが自然に理解できるように、工夫がされているはずです。

また、戦争、環境、いじめなど、じっくり考えたいテーマを扱った絵本に多いのが、「伝えたい」という作者の思いばかりが先行して、観念的で理屈っぽく、子どもが自然に共感できるように具体的に描かれていない作品です。一見、いい本に見えるところがくせもの。せっかくのメッセージも、読者が感動しなければ、「お説教」で終わってしまいます。

むずかしい内容でも、知らず知らずのうちに子どもの心に大切な「何か」を届けてくれるのが、いい絵本だと思います。

★アフリカのサバンナで千年以上も長生きするバオバブの木の一生と、バオバフのおかげで生きている生きものたちを紹介する科学絵本。「自然はすばらしい」などのことばをつかわずに、深い感動を届ける。

『いのちの木』
バーバラ・バッシュ文・絵
百々佑利子訳　岩波書店

お話によって絵を描き分けるマーシャ・ブラウン

アメリカの絵本作家、マーシャ・ブラウンは、新しい物語にむかうたび、読者がそのお話をイメージするじゃまをせず、頭の中にお話の世界をもっと広げることのできるさし絵はどういう絵なのかと、いつも研究していました。幼い頃、物語にそえられた美しいさし絵を夢中で見ていたという彼女は、お話を生かす絵の大切さをよく知っていたんですね。（詳しくは、『絵本を語る』マーシャ・ブラウン著　上條由美子訳　ブック・グローブ社）

（9）本づくりの細部までていねいか？

赤ちゃんや子どもは、気に入った絵本をなんども読みたがります。だから、すぐにページがばらばらになってしまうような絵本は困りもの。本の内容だけでなく、大きさ、重さ、紙の質などの製本面でも、つくり手の誠意が感じとれる絵本がいいですね。

また、絵本の表現手段は本の中味（本文）だけではありません。表紙、裏表紙、見返し、とびらなど（本の各部の名称は45ページ参照）の絵や色づかいにも、絵本の世界を生かすように心を配ってある本を選びたいものです。そして、作者や出版社などのつくり手側にも、そんな絵本をつくってほしいですよね。

（見返し）

（とびら）

『くんちゃんのはじめてのがっこう』
ドロシー・マリノさく　まさきるりこ やく　ペンギン社

★本文が始まる前から、お話は始まっている……。

3 昔話の絵本を選ぶめやす

昔話は口伝えの文化。耳で聞いて頭の中でイメージをふくらませるのが本来の形です。現在では、いろいろな人が再話（昔話を文章化すること）して絵をつけた、子どもむけの昔話絵本がたくさん出版されています。あんまりたくさんの種類があって、どれでもいいわ、という気にもなってきますが、失敗しない本選びのポイントをあげておきます。

(1) 正しい再話か？

「三びきのこぶた」（イギリス民話）は、わらの家と木（ハリエニシダ）の家を建てた2匹の兄ぶたがおおかみに食べられてしまい、れんがの家を建てた弟ぶたが3度もおおかみに食べられそうになったけれど、知恵をしぼって逃げのび、とうとうおおかみを食べちゃうというお話。

ところが、絵本の中には2匹の兄ぶたも生きのびて、おおかみと仲なおりするお話に変えられたものがあります。子どもには残酷すぎると考えた再話者が、勝手にお話を変えてしまったのでしょう。

でも、昔話には残酷さを強調する描写はあまりありません。「ぶたはぱくりと食べられてしまいました」などとあっさりと語られているだけです。それに、聞いている子どもは、弟ぶた（主人公）になりきってどきどきし、おおかみを完璧にやっつける結末で、ほっと胸をなでおろします。ちゃんとお話を「うそっこ」と知りながら楽しんでいるのです。

文化遺産である昔話を、安っぽい「教育的配慮」で勝手に変えてしまったり、長いからといって途中の重要なエピソードをカットしてしまったりして、本来の魅力を伝えていない再話の絵本が意外に多いので、しっかり選びましょう。

★参考図書

『昔話は残酷か』　野村泫著　東京子ども図書館

『昔ばなしとは何か』　小澤俊夫著　大和書房

『三びきのこぶた』
イギリス昔話
瀬田貞二訳
山田三郎画
福音館書店

★弟ぶたとおおかみの知恵くらべが、緊張感をもって語られ、表情豊かな絵が楽しい。

（2）お話に合った絵か？

昔話の絵本の絵は、今の子どもに昔の暮らしぶりなどを伝えてお話の理解を助けてくれたり、みごとな絵がついたおかげで、昔話の世界がもっと生き生きとイメージされることもあります。その絵がそのお話の持ち味を生かして、昔話の世界をイメージするのに役立っているかどうかが大事です。

アニメ調のさし絵がついた昔話絵本をよく見かけますが、どの本を開いても、お国がらもお話の持ち味も無視したような、似たような絵がついているのでがっかりしてしまいます。「三びきのこぶた」と「しらゆきひめ」と「うらしまたろう」が同じ絵でいいはずがないのですがねえ。

4 いい絵本を探す近道

「料理の腕をみがくには、おいしいものをたくさん食べないと」と、よく言いますね。絵本を選ぶのだって同じこと。ほんとうにおもしろい絵本に出会っていなければ「いい絵本」がどういうものなのかわかりません。すぐれた絵本を知れば知るほど、選ぶ力もついてきます。

とくに、絵本の初心者にとっては、100冊の「つまらない絵本」を読むより、10冊の「いい絵本」と出会う方が「選ぶ目」を育てる近道です。それには、次のような方法も参考にしてみてください。

（1）読みつがれている絵本を読んでみる

子どもたちにとても人気のある絵本『ぐりとぐら』（なかがわりえこ と おおむらゆりこ　福音館書店）の初版年（初めて発行された年）は1963年。すでに130回以上も増刷（本の在庫がなくなったらまた印刷すること）されています。子どもの頃に読んでもらったわ、というお母さんも多いことでしょう。

こんなふうに時代を超えて、子どもたちの支持を勝ち得てきた絵本には、それだけの魅力をそなえた作品が多いのです。

その本の初版年や、何回増刷されているかは、奥付（発行年などが記載してある部分。本のいちばんうしろのページや裏表紙、見返しにある）に表記してありますので、参考にしてみてください。（本の各部の名称は45ページ参照）

『ぐりとぐら』

（2）ブックリストや書評誌を活用する

経験豊かな子どもの本の専門家たちが、実際に子どもたちに手渡した時の手ごたえをもとにつくった、おすすめ本のブックリストがたくさん出版されています。表紙写真や、対象年齢を記したものもあり、本選びにとても便利。また、新刊案内をのせている書評雑誌も出ています。リストにのっている絵本をどんどん読んで、たくさんの絵本を知ることをおすすめします。

ただし、リストはうのみにせず、あくまで参考に。その絵本が何歳の子どもにむいているかや、はたしていい本なのかどうかを決めるのは、読み聞かせを聞く子どもたちと、あなた自身なのですから。

★ブックリスト

『えほん　子どものための 500 冊』（初版 1989 年）『えほん　子どものための 140 冊』（初版 1995 年）ともに日本子どもの本研究会絵本研究部編　一声社

『どの本よもうかな？　1900 冊』（初版 1986 年）『続どの本よもうかな？ 1900 冊』（初版 1998 年）ともに日本子どもの本研究会編　国土社

『図書館でそろえたいこどもの本・えほん』（初版 1990 年）日本図書館協会

『私たちの選んだ子どもの本』（初版 1991 年）東京子ども図書館

★書評誌

「子どもの本棚」（月刊）　日本子どもの本研究会　編集・発行

〒 176-0012　東京都練馬区豊玉北 4-4-18-105　TEL　03-3994-3961

「子どもと読書」（隔月刊）　親子読書・地域文庫全国連絡会　編集・発行

〒 246-0032　横浜市瀬谷区南台 2-5-6　村島方　TEL　045-303-5096

「こどもとしょかん」（季刊）　東京子ども図書館　発行

〒 165-0023　東京都中野区江原町 1-19-10　TEL　03-3565-7711

（3）聞き手になると、本を選ぶ目が育つ

子どもになったつもりで、だれかに絵本を読んでもらってみてください。すると、不自然な言い回しや、わかりにくい絵が出てきたとたんに、「あれ？変だぞ」と気がつくはずです。内容が自然にわかるように書かれているか、聞き手を夢中にさせるだけの魅力があるかどうかなども、読んでもらうとよくわかります。同じ絵本でも自分の手元で見た時と、離れて見た時の絵の印象は、ずいぶん違うことにも気がつくでしょう。いい聞き手になることも、絵本を選ぶ目を育てるのです。

仲間どうしで読み聞かせし合う時間をもつのもいい方法です。「この絵本はここがいいよね」などと絵本談義をかわすうちに、楽しく絵本が選べるようになりますよ。

5 読み聞かせの会での本選び

とくに、幼稚園、学校、図書館、児童館など公共の場での読み聞かせの会では、せっかく子どもたちを集めて読む時間をつくっているのだから、本（お話）の世界をたっぷり楽しむことができ、心に何かを残してくれる作品を選びたいですね。「本に親しめれば、どんな本でもいいんじゃない？」では、少しもったいない。「もういちど読んで」「ほかの本ももっと読んで」と子どもに言

わせるような素敵な本をたくさん読み聞かせしてください。

あなたが「これはいい本!」と思う本の中から、次のような点に気をつけて、集団の読み聞かせにむく本を心をこめて選んでみてください。

(1)1対1の時より少しやさしい本を

読み聞かせを聞く子どもの年齢は、本選びの際の大きなポイント。いくらいい本でも、内容が理解できなくては楽しめません。でも、同じ年齢でも、読み聞かせの経験によって、お話を聞ける力には大きな差があります。子どものようすを見ながら選んでください。

はじめのうちは、1対1の読み聞かせの時より、少しやさしい本を読むようにしましょう。お話についていけずに騒いでしまう子どもが1人でもいると、全体の集中度が落ちてしまうことがよくあるからです。その集団が読み聞かせに慣れてくれば、だんだんに長いお話の絵本も聞けるようになります。

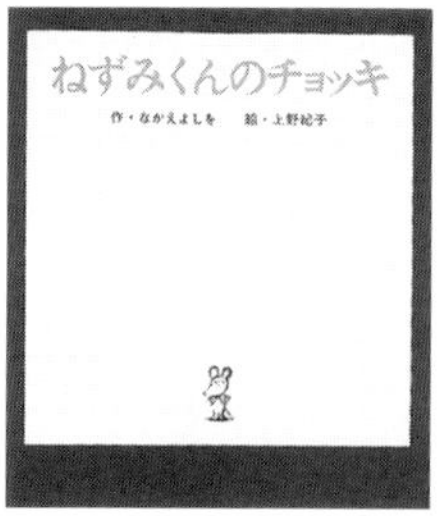

『ねずみくんのチョッキ』
なかえよしを 作　上野紀子 絵
ポプラ社

★３歳の子にも、中学・高校生にもとても喜ばれる絵本です。すぐれた絵本は対象年齢に上限がないことが多いのです。

（２）うしろの子まで見える絵の本を

子どもたちに「見えなーい」と騒がれてしまうようでは、いい読み聞かせはできません。聞き手の人数が多い時には、ある程度大きい絵の本でないと無理。線がはっきりした遠目のきく絵の本をさがしましょう。手元で見たらいい絵なのに、すこし離れて見ると、何が描かれているか見えづらくなってしまう絵もありますし、逆に、遠目で見た方が美しいと感じる絵もあります。１人で選ぶ時には、部屋のすみに置いた台の上に絵本を立てかけるなどして、離れた場所から絵を見ることが必要です。

『14ひきのおつきみ』
いわむらかずお
童心社

★自然の中で暮らすねずみ一家の素敵な絵本ですが、大人数を集めて読むと、うしろの子には１匹１匹の表情が見えなくなってしまい、魅力が半減してしまいます。ぜひ少人数で楽しみたい絵本。

（３）季節や行事に合った本を

暑さでうだる教室で「寒い寒い冬の朝……」という本を読む人はまずいないでしょう。絵本には、季節を問わずに楽しめるものも多いですが、「今の時期にこそ読み聞かせたい」という旬の絵本を選ぶように心がけると、子どもたちもぐんと集中してくれます。また、遠足で動物園に行った次の日に、動物園から逃げ出したおさるの絵本『ひとまねこざる』（Ｈ・Ａ・レイ文・絵　光吉夏弥訳　岩波書店）を読むなど、子どもの生活や行事に合わせた本を選ぶと効果的です。

(4) 絵と文のバランスを考えて

読み聞かせしやすい絵本は、絵と文の進行がぴたりとあって、お話の場面がかわるごとに絵もかわる絵本です。字がやけに多く、お話は進行したのにちっとも絵がかわらない絵本や、対応する絵と文のページがずれている絵本だと、読んでもらった子どもはお話の流れを頭の中にイメージしにくくなります。こういう絵本は幼児や、読み聞かせに慣れていない子どもたちにはむきません。

それでも、ぜひ読み聞かせようと思ったら、どの場面でどの絵を見せれば効果的かを考え、工夫して読むことが必要です。字しかないページは、子どもたちには見せず、耳で聞くのに集中させるようにして、読み手だけが字を見ればいいわけです。

(5) 自分の心から好きな本を読もう

読み聞かせでは、不思議なくらいかならず、読み手の本への思いが子どもたちに伝わります。つまり、あまり好きではない本を気が乗らないまま読んだのでは、子どもたちは感動しないということ。読み手が心から本の世界を楽しんでいる時にこそ、本の魅力が聞き手に力づよく伝わるのです。ぜひ、あなたが「子どもに読んであげたい!」と思っている本を選んでください。どんな本を選ぶかは、「子どもたちにどんな感動を伝えたいか」というあなたの願いや価値観に深くつながっているんですよ。

もし、あなたの選ぶ本の趣味がかたよっていたとしても、いろいろな人が読み手になれば、選ばれる本もさまざまです。子どもはバラエティにとんだ本に出会えます。

Q&A

初めての会で読むのにむくのはどんな本？

「読み聞かせをしてもらうのは初めて」という子どもたちや、あなたが初めて出会う子どもたちに読む時には、わかりやすく、明るく、楽しい絵本を選びましょう。第一印象で、「この人の読み聞かせって楽しいな」と感じてもらうのがいちばんだからです。

よくボランティアの方から、「６年生のクラスに読み聞かせに行くことになったので、戦争や、人種差別のことなどがテーマの本をぜひ読みたい」という相談を受けることがあります。でも、こういった深刻な内容の本は、初回は避けたほうが賢明です。何回か回を重ねて、読み手と聞き手の間に信頼関係ができてから読んだ方がいいですよ。

Q&A

広い会場や屋外の会で読むのにむく本は？

絵本の絵が見えなくなるほど広い会場や、声が散ってしまって聞こえにくい屋外などは、もともと読み聞かせにはむきません。でも、ほかに場所がなかったり、お祭りの会場で「読み聞かせのＰＲ」として行う時などには、落ち着かない場所でも聞き手をひきつけることのできる本を選ぶ必要があります。

人の出入りもあるでしょうから、長いお話のものは避け、ストーリーが単純で、楽しい絵本がいいですね。こういう絵本は、読み手が声を張り上げて読んでもあまり不自然に聞こえません。もちろん、大きくて、遠目のきく絵のものを選んでください。（広い会場で会を開くときの工夫は 59 ページで紹介しています。）

第2章 絵本をじょうずに読むには？

第2章 絵本をじょうずに読むには？

絵本の読み方に決まりはありません。でも、集団での読み聞かせをする時には、こんなことに注意したらもっとよくなるというポイントがいくつかあるので紹介します。

1 心がまえ

（1）楽しんで読み合うという感覚で

家庭で読み聞かせをする時もそうですが、「読んであげるから聞きなさい」と子どもに押しつけるのではなく、「どんな本かな？　楽しみだねえ」と子どもといっしょに絵本にむかい合う感じで読みましょう。本を読むうちに、子どもと心がひとつになったと感じることができたら、その読み聞かせは大成功です。

（2）主役は絵本と聞き手

読み聞かせの主役は、読み手ではなく、絵本と聞き手です。読み手は、その絵本の持ち味を殺さずに、絵本をまるごと聞き手に届けるようなつもりで読みましょう。

たとえば、お話の絵本は、聞き手がすんなりと本の世界に入りこんで、お話の中で自由に冒険できるように、じゃまにならない自然な声で読みたいもの。おおげさな声色や、身ぶりをつけると、本より読み手の方が目立ってしまい、せっかくお話の世界に旅立っていた聞き手を現実の世界に引きもどしてしまいます。

また、子どもの反応を引き出しながらいっしょに遊ぶタイプの絵本では、読み手ばかりが張り切るのではなく、子どもが積極的に参加したくなるような楽しい雰囲気づくりが大切です。

★おやおや、子どもは絵本を見ていない……。

2 読む前の準備

(1) 本の見せ方を研究しよう

本をまるごと紹介するのが読み聞かせ。絵本は、本文だけでなく、表紙や見返しの絵や色づかいにも、さまざまな工夫と作者の意図がこめられています。だから、絵本の魅力をすみずみまで聞き手に伝えるには、絵や本のつくりを事

知っていると便利な本の各部分の名称

本の各部分の名前を知っておくと、「『とびら』を見せる時間が短かったみたいよ」などと仲間と読み聞かせの講評をし合ったり、絵本について話し合ったりするときにも便利です。

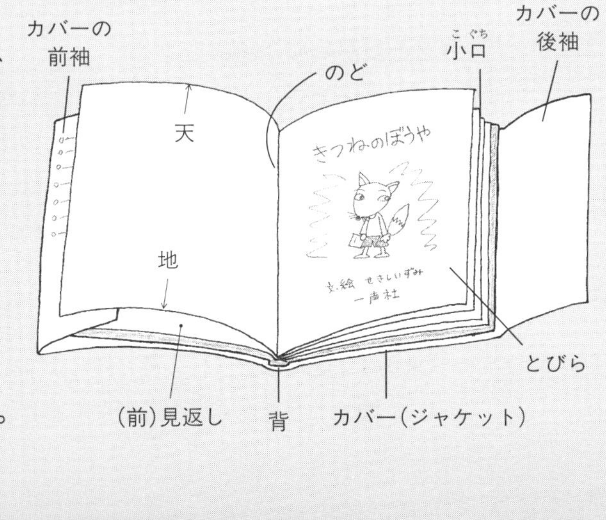

前に知って、適切な見せ方を研究する必要があります。

たとえば、表紙の絵からお話が始まって裏表紙の絵までお話が続く絵本を読むときは、裏表紙を見せるのにたっぷり時間をとったほうがいいですし、表と裏の表紙の絵がつながって１枚になっている絵本では、表紙と裏表紙を合わせた大きな絵をぜひ見せたいと思うでしょう。作者の意図をきちんと受け止め、聞き手に伝えることのできる読み手になりたいですね。

『きつねをつれてむらまつり』
こわせたまみ作　二俣英五郎絵
教育画劇

★裏表紙に、去っていくおじいさんの姿。お話はここまで続いています。

『かばくん』　岸田衿子さく　中谷千代子え　福音館書店

★表と裏の表紙を広げると……。

（２）かならず下読みをする

ぶっつけ本番は失敗のもと。本番前にかならず声に出して読んでおきましょう。回数が多いほどいいのはもちろんのこと。発音しにくいことばや、誰のせりふかわかりにくい部分を確認するには、黙読だけでは不十分です。前に読んだことのある本でも、直前にかならず読み返すようにしたいものです。準備不足で本番にのぞむと、１か所でつまずいたとたんに気が動転して、何度も読み間違えてしまうことがよくあります。

また、下読みのときは本番と同じように、聞き手に見せるように本を持って、ページをめくりながら読む練習をしましょう。聞き手にむけて本を開いたまま、横目で読むのは思いのほか読みにくいものです。(本の持ち方は48ページ参照。)字の見えにくい箇所があったり、めくりづらい紙質だったり、横むきの絵本なのに、縦むきに変わる場面がある絵本だったりすることもあります。本を扱いながらスムーズに読み進められるようになるまでは、練習するしかありません。

(3) 開きぐせをつけておく

開きぐせがついていない新しい本は、読み聞かせするために開いて持った時、のど(ページをとじてある部分)がふくらんでしまいます。これでは、会場の端に座った子どもに絵がよく見えないし、読み手も持ちにくくて困ります。あらかじめ、本に開きぐせをつけておくと扱いやすいですよ。

●本をいためずに、開きぐせをつける方法

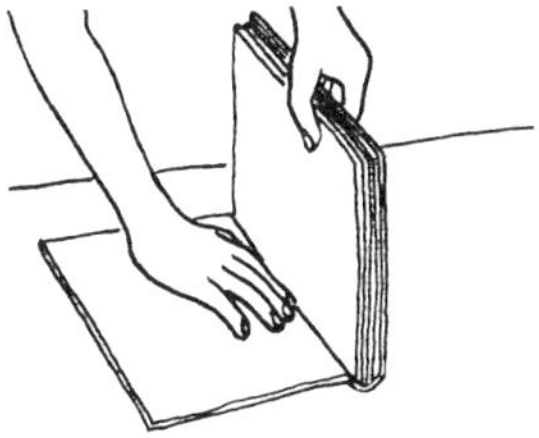

1 片方の表紙を机の上に開き、とじの部分を人さし指と中指ではしからはしまでしっかり押していく。

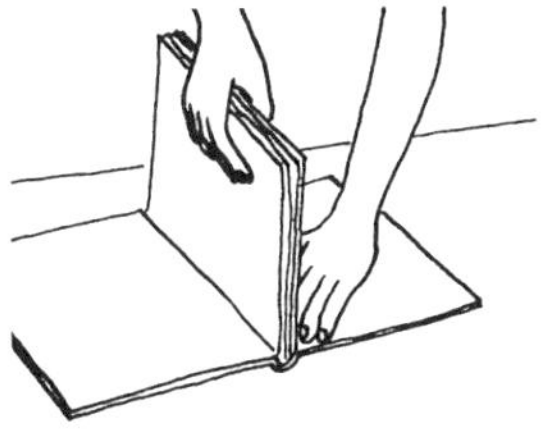

2 反対側の表紙も同じようにする。

3 ページの部分を両はしから交互に数ページずつとって、とじを押さえることをくりかえす。

4 本が中央で2つに開かれたら、手のひらで上からしっかり押さえる。

松岡享子著『えほんのせかい　こどものせかい』(日本エディタースクール出版部)より

3 持ち方・めくり方・読み方

（1）本の持ち方

子どもたちにむかい合って、子どもが床に座っているなら椅子に腰掛けて、子どもが椅子に座っているなら立って読むのがふつうです。本を持つ高さは、いちばんうしろの子どもにも見え、前列の子どもの首が疲れないような高さになるように気をつけます。

まず本を閉じたまま表紙を聞き手にむけて、本の背の下端を片手で持ちます。親指を裏側に、あとの４本の指を表側にして持ちます。親指と手の平と手首で裏表紙を支えるようにすると、本がぐらぐら動かずに安定します。そして、もう片方の手でページを開いていきます。顔はなるべく聞き手の方をむいて、横目で文字を追いながら読んでいきます。

ページをめくったあとは、めくり終えたページをしっかり押さえないと、本の中央（のど）のあたりがふくらんでしまい、両端の子どもに絵が見えにくくなってしまいます。本を持っている手の表側の４本の指で、のどのあたりを上から押さえて本が平らに開くようにしてください。でもこの時、本を持つ手が大事な絵をかくしてしまわないように気を配りましょう。

本の形や大きさによって、持ちやすい持ち方も違ってきます。どんな風に持てば本が安定し、自分にも読みやすく、見る側にも見やすいか、いろいろ研究してください。自分１人では、相手に見やすい持ち方ができているのか、よくわかりません。慣れないうちは、誰かにチェックしてもらうといいですね。

●本の持ち方

（2）めくり方がかんじん！

　読んでいる時に、ページがスムーズにめくれないと、せっかく盛り上がっていたお話が中断して、聞き手も読み手も興ざめしてしまいます。指先でさりげなく、次のめくりの準備をしながら読み進めたいところですが、これが結構むずかしいのです。練習を積んで慣れるしかありません。またページをめくる手や腕が、絵を見る人のじゃまにならないようにする必要もあります。一般的には、本の下端をつまんでめくると腕が気にならないことが多いのですが、これも本の形や大きさによって違ってきます。

　ページをめくるタイミングも大事です。次の場面への期待をふくらませたい時には、たっぷり間をとってからめくったり、また、早めにめくった方が効果的なこともありますね。お話の流れに合わせためくり方を工夫しましょう。聞き手に本の表紙を見せたときから、最後のページを閉じて裏表紙を見せるまで、読み手自身がお話の世界から脱け出してしまわないように雰囲気を保ちつづけ、心をこめてめくってください。

（3）よくとおる声で心をこめて

　読み手の声が小さかったり、聞き取りにくい読み方だと、とたんに子どもの集中力がなくなってしまいます。いちばん遠くの聞き手にも聞こえるように、しっかりととおる声で、心をこめて読みましょう。うまく読もうと力みすぎても、不自然な声になってしまいます。

　おとなでも、耳から聞いたことばを頭の中でイメージするのには、ある程度

Q&A

文字がなかったり少ないページはすぐにめくっていいの？

　文字のないページでは、絵が文字の分までお話を説明しているのですから、ふだんよりも時間をかけて絵を見せないとだめなんですよ。絵に描かれていることを子どもが自分で発見できるように、見せながらあまりよけいなことは言わない方がいいですね。「なんだか間が持たないわ」と思うかもしれませんが、その間は子どもたちの表情を観察して、彼らの心の動きをキャッチするのを楽しんでください。絵を見ている子どもたちから、つぶやきが誘い出せたら大成功なのです。

の時間がかかります。子どもに読む時はとくに、ゆっくり、はっきりと読むのが基本。でも、くれぐれも一本調子にならないように気をつけましょう。こういうとむずかしそうに思えますが、お話の流れに心をのせて読んでいけば、自然に声に表情が出て、うれしい場面では幸せそうな声が、せっぱつまった場面では緊張感のある声が出てくるはず。こうなればメリハリがついて、聞き手をお話の中に引きこむことができます。

でも、無理な声色や極端な大声などは、お話の世界に浸っていた聞き手を現実の世界に引き戻してしまうので逆効果。声の大きさは、本当の大声を出したり、聞こえないほどひそひそ読むのではなく、前後の流れから浮き上がらないように、それらしく読めばいいのです。

Q&A

大きな声を出しているつもりなのに「声が小さい」と言われるのですが?

子どもが集まると、おしゃべりしていなくても、衣ずれや椅子を動かす音などの雑音が生じます。だから、大きめに声を出しても、雑音に負けてしまうことが多いのです。とくにふだんの声が小さい人は、下読みのときから大きな、よくとおる声で、はっきり読む練習をしておきましょう。声を出したとき、無駄な息がたくさん出てしまうと、声はとおりません。お腹から声を出すように気をつけて練習してください。「本番では大きい声で読むわ」と思っても、急に大きい声は出ませんよ。

（4）絵をじっくりと見せ、子ども自身に発見させよう

絵本の絵はことばと同じくらい多くを語っています。だから、絵をよく見ないとお話の内容や本来の魅力が理解できず、心ゆくまで楽しめません。読み聞かせるときは、絵をじっくり見せる時間をとってあげましょう。

ページをめくってから、一呼吸おいて文字を読み出すのもポイントのひとつ。こうすると、聞き手はまず新しい場面の絵を見てお話の展開を予測し、それから読み手の声でお話を確認できます。自分で発見することで、読み聞かせを積極的に楽しめるのです。

また、お話の要《かなめ》になる絵のページでは、字を読み終えたあともしばらく絵を見せることがあります。子どもが絵を見ているようすを確認してから、頃合いをみて次のページに進みます。この「間」を大事にしたいですね。

大切な意味をもつ絵が、遠くの子どもに見えにくいときや、コマ割りのある画面などでは、必要に応じて絵を指で差すこともありますが、基本的にはただ絵をよく見せて、子ども自身の発見をじゃましないようにしましょう。

（5）本に書かれたことばを大切に

読み聞かせは耳からの読書です。読み手が勝手に本の中のことばを変えたり、よけいなことばを加えたりしてはいけません。どうしても意味を説明しないとお話の筋がわからないことばがある時は、「厠《かわや》……、おトイレのことね……、厠に行きました」のように、「本に書いてあることば」と「読み手のことば」をきちんと区別して、自然に説明すればいいのです。長い説明が必要な時は、読みはじめる前にちょっと話しておきます。

でも、子どもは多少わからないことばがあっても、案外気にせずにお話を楽しんでいます。「なんのこと？」と聞かれたら、中断させない程度にさらっと説明すればいいでしょう。本の中のことばは、作者が推敲《すいこう》を重ねて選んだことば。大切にしてください。

（6）作者・画家名もきちんと伝える

読み聞かせをする時に、作者や画家の名前を紹介する習慣をつけていると、回を重ねるうち、「その絵、前に見たことあるよ。絵を描いたのは誰？」などと、子どもに聞かれるようになります。子どもが作者や画家に関心を持ちはじ

めるのです。赤ちゃんへの読み聞かせの会では必要ないかもしれませんが、いっしょに参加する親のために紹介したいですね。作者名や画家名は、表紙やとびらに記してあります。どちらでも読みやすい場面で読むようにしましょう。

（7）子どもの反応をキャッチしながら読む

読み手が読むだけの一方通行ではいけません。聞き手の表情やつぶやきを捉えながら読み進めましょう。子どもの笑い声や息をのむ気配を受け止めて、タイミングよく「間」をとりながら続きを読むのです。

自分の思い入れの強い本を読んだ時や、自信過剰な人にありがちな失敗は、読み手が自己陶酔してしまって、聞いている子どもたちがしらけてしまうこと。

読み聞かせは、読み手と聞き手の心のキャッチボール。慣れないうちは読むのに精いっぱいで、相手の反応を見る余裕がないかもしれませんが、数回こなせばすぐにできるようになります。

Q&A

途中で話しかけてくる子には、どうしたらいいの?

読んでいる最中なのに「あ、その犬、おばあちゃんちのと同じ！　あのね……」などと突然話しかけられ、びっくりすることがよくあります。お話に夢中になったせいで、まわりの子どものことを忘れちゃったのかもしれないし、聞くのに飽きて、つい話しかけたのかもしれません。そんなとき「しいっ」と言ってしかったり、冷たく無視すると、その子は悲しくなるでしょう。もしかしたら、おへそを曲げてもっと騒いでしまうかもしれません。どうぞ、その子の目を見てうなずいて「聞いているよ」という合図をして読み進めてみてください。たいていの子どもは「あ、今は聞く時間なんだ」と納得してくれます。

それでも続けるようなら「そう。じゃ、あとで聞かせてね」と言って、本の続きを読んでください。読み終えたあとで、その子の話を聞くこともありますが、「あとでね」と一応は自分を受け入れてもらえたので納得して、絵本を見ているうちにしゃべりたい気持ちが収まってしまう子がほとんどです。

(8) 余韻を大切に

最後のページを読み終えたあとも、余韻を大切にしながらゆっくりと、見返し、裏表紙を閉じて、読み聞かせを終わります。終わってから少なくとも５秒は黙っていましょう。間髪入れずに「どうだった？」と聞いたり、「うそをつくとばちがあたる、というお話でした」などと教訓めいたことを言って、１人１人の心の中でそれぞれに描かれていた世界をひとくくりにまとめたりすると、今までの感動が台無しになってしまいます。

Q&A

読み聞かせが、なかなかうまくならないのですが？

読み聞かせは、子どもという「生もの」相手のライブですから、かならず成功するという方法はありません。用意周到でのぞんだつもりでも、期待どおりの反応がもらえないことも多いのです。経験を積み重ねて、いろいろな子どもの反応や対処法を身につけるうちに、成功する確率が高くなっていきます。失敗を糧《かて》にして、楽しみながら気長に続けてください。

でも、もし「うまくなる近道」があるとしたら、それは「誰かといっしょにやること」でしょう。

いっしょに練習をしたり、本番のあとで、率直にほめたり注意し合える仲間をつくりましょう。自分の読み聞かせがどうだったかを客観的に講評してもらうと、自分の持ち味や癖《くせ》がわかって参考になります。また、他人のうまい読み聞かせを聞けば、お手本にできるし、失敗例を見た時は、「めくり方がまずかったから」などと原因がよくわかり、教訓にできます。１人でコツコツ練習するより、ずっと早く上達しますよ。

第3章 読み聞かせの会、本番までにこれだけは

第3章 読み聞かせの会、本番までにこれだけは

「読み聞かせの会を立ち上げよう！」ということになったら、まず何からはじめたらいいでしょう？　ここで紹介する手順とコツをアレンジしてやってみてくださいね。

1 読み聞かせの会の企画と運営

子どもを集めてやみくもに本を読むだけでは、会はなかなか続きません。まず、自分たちがどんな会にしたいのか、仲間とよく話し合いながら、以下のポイントを参考にして企画してみてください。

（1）会の対象年齢は？

①幼児――できれば細かくクラス分けを

5歳児のために長いお話の絵本を読んだら2歳児が聞けずに、その場が騒がしくなってしまった、ということがよくあります。幼児と一口にいっても、5歳児と2歳児では、お話を聞く力に雲泥の差があるのですから仕方がありません。異年齢集団への読み聞かせでは、どうしても小さい子に合わせたやさしい本しか読めないことが多いので、大きい子には聞きごたえのある本を読んであげたいと思ったら、クラスを分けて開催した方がいいでしょう。

幼児の場合、「1～2歳の会」「3～4歳の会」「4～6歳の会」のように、細かく分けた方が、その子たちにぴったり合う本が選べるので、子どもも楽しめます。

クラス分けするほど子どもの人数がいなかったり、人手不足などで余裕のない場合は、はじめに小さい子むきの本を読んで大きい子もいっしょに聞いたあと、「これで小さい子の絵本はおしまいです」と、いったん会に区切りをつけます。それから大きい子むけの絵本の時間をとればいいでしょう。また、最初

はあまり欲張らず、我が子と同じ年頃の子どもだけを集めてやるのもいい方法です。

1歳　本と出会うのが目的。お母さんといっしょに手遊びやわらべ歌を楽しむ合間に短い絵本と出会う。

2歳　お話の絵本が少し聞けるようになる。でもまだお母さんといっしょの手遊びと短い絵本が中心。

3歳　長めのお話が聞けるようになり、手遊びも自分で楽しみはじめる。

4～6歳　合間の気分転換に手遊びを少し入れるだけでいい。いろいろな絵本をいちばん楽しめる時期。

（継続的に読み聞かせをしてきた子どもの場合）

②小学生以上——時には年齢ごとにクラス分けを

小学生以上の子どものお話を聞く力は、年齢よりも、お話を読んでもらうのが好きかどうか、読み聞かせに慣れているかどうかの方が影響するようです。本に親しんでいない6年生より、親しんでいる１年生の方がはるかによく聞ける、ということがあるわけです。だから、小学生以上の子どもを対象にした会では、とくにクラス分けをしていない会が多いのでしょう。こうした異年齢集団での読み聞かせは、とても楽しいものです。

でもやはり、1年生と6年生では、生活体験や知識量だけでなく、心の成長や考える力もずいぶん違います。だから、同じぐらいの年の子どもを対象にした読み聞かせの会の方が、子どもに合ったいい絵本に出会わせやすいのです。時々は、低、中、高学年の3つに分けたり、低学年と中学年以上の2つに分けるなどの工夫をしてみたらどうでしょう。

(2) 会の人数は?

①幼児――小さい子ほど少人数で

とくに3歳以下対象の読み聞かせの会では、親もいっしょに参加してもらいましょう。集団に慣れていない幼児は、お母さんやお父さんのひざの上でなら安心して絵本を楽しめますし、親も、我が子と絵本を楽しむ時間を味わえます。また、親には子どもの注意を絵本にむけるように協力してもらいましょう。

とはいえ、小さい子に大集団の中でお行儀よく聞きなさいと強いるのは無理というもの。そのため、年齢が小さいほど少人数の会がいいのです。それに、赤ちゃんむきの絵本は、赤ちゃんが自分で持てるように小型に作られたものが多いので、大勢に見せても絵が見えません。だいたい親子15組以下の会にすると、いい感じで読み聞かせができます。

②小学生以上――1クラス程度が限界

読み聞かせをほんとうに楽しめる人数は、40人(1クラス)程度まで。読み聞かせはもともと大人数にむけてやるものではありません。聞き手全員に絵本の絵が見え、読み手の肉声が聞こえ、読み手と聞き手の心がかよい合わなければ、読み聞かせ本来の感動が得られないからです。100人以上などの聞き手を相手にするのは、読み聞かせの会のPRのためにイベントなどでやる程度にしておきましょう。

(3) どんな会場がよい?

幼い子どもは広い部屋に入ると走り回りたくなってしまうもの。読み手の声も分散してしまうし、広すぎる空間は、読み聞かせの会には落ち着かないものなのです。会場を借りる場合は、参加予定の人数を考えて、広すぎない場所を選びましょう。

どうしても広い部屋しかないときには、聞き手が絵本にむかったとき、聞き手の視野が壁などではばまれるように座ってもらいましょう。（読み手と聞き手の位置については、70〜71ページを参照。）壁は、絵本が映えるように、シンプルで地味な壁の方がいいです。楽しくしようと、かざりつけなどがあると、かえって絵本に集中できません。

パーテーションで仕切れば落ち着ける空間がつくれますし、並べた机の上にあまり派手でない柄の布地（安売りのもので充分）を掛けて、仕切りをつくってもいいですね。（ただし、幼児はそんな隙間があるともぐりこみたくなるので、小さい子が多い会では逆効果です。）

敷物を敷き、その上に座ってもらうようにするだけでも、聞き手が固まり、気分が集中しやすくなります。敷物が大きすぎると、聞き手が広がってしまうので折りこんでしまいましょう。（安物のカーペットなら薄くて折りこみやすいですよ。）

また、学校の教室で読む時は、机をうしろに集めてしまい、前の方に集まって座るなど、聞き手を絵本に近づける工夫をした方が、絵とお話がよくわかります。机を片づけただけで、気分もリラックスでき、楽しい雰囲気が生まれやすいものです。

●広い部屋での会場づくりの工夫

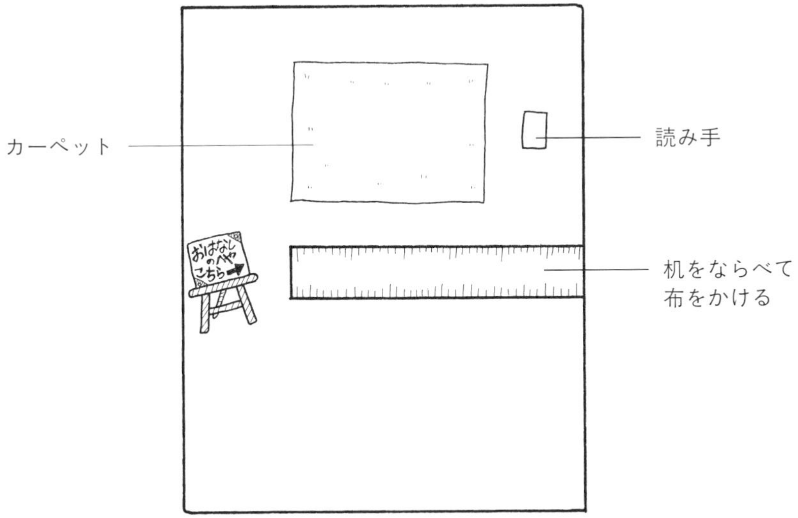

（4）日時の設定と年間計画は？

①日時――子どもの生活や行事に合わせて

対象にする子どもと親の立場に立って、参加しやすい日時を選びましょう。

じつは、私がはじめて幼児むけの「おはなし会」を企画したとき、「朝は図書館の職員が忙しいし、夕方はせわしないから午後2時から30分ね」と時間を決めたことがあります。でも、毎回3、4人しか来てくれず、がっかりしてばかり。そんなある日、参加したお母さんが「この時間はお昼寝の時間だから、みんな来られなくてもったいないわね」と言うのを聞き愕然《がくぜん》としました。午後2時は、小さい子はお昼寝中。大きい子はまだ幼稚園にいる時間だ、とわかったのですから。子どもの生活時間を知ろうともせずに、自分本位に企画した大失敗でした。

人が集まるかどうかは開催日の曜日と時間が決める、といってもいいほどです。幼稚園バスの時間（3歳児以下対象の会でも、上の子の送迎で親が来られないこともある）、学校の時間割をよく調べたり、学校、幼稚園、児童館などの行事と重ならないようにチェックすることを忘れないでください。

②所要時間――子どもがあきない時間内で

読み聞かせに集中できるのは、幼児は30分以内、小学生は45分（学校の授業の1校時）以内をめやすにしましょう。主役の子どもがあきないで楽しめる時間内に収めるのがコツです。

③年間計画――予定を決めてしまうのがコツ

できれば、読み聞かせの会の年間スケジュールを立てて、チラシをつくったりして広報しましょう。先の予定を立ててしまうのが、会を定例化して長続きさせるコツです。本を読む人や当日の係も同時に決めておくといいですね。前もって決めておくと、自分の当番にあたる季節や行事に合わせた本を探しておくこともできます。

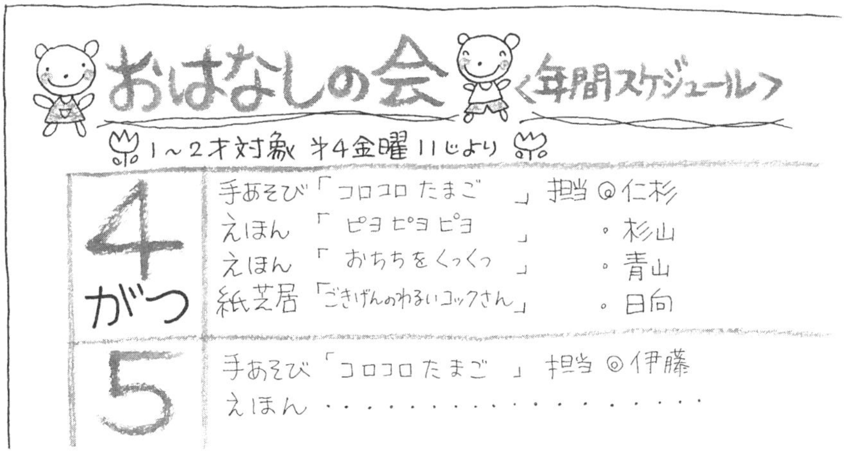

（5）当日の係は何人必要？

会本番の読み手は、ひとりでも、何人かで交代で読んでもよいのです。本を読む人のほかには、会の規模や性格にもよりますが、本番中に会場内を見守るサポート係（時に、お客さんに注意する係）、出入り口の案内係の２人はいた方がいいですね。小さな会なら、サポート係と案内係を１人でやってしまうこともできます。

本を読んでいる最中は、立ち歩いたり、おしゃべりする子がいても、読み手が注意するとお話が途切れてしまうし場もしらけるので、なかなか注意できません。そんな時、会場内でサポートしてくれるおとながいれば、すぐにそっと注意してくれるので、会場がざわつくのがふせげます。

また、読んでいる最中に人の出入りがあったりすると、気が散ってお話に集中できません。でも、出入り口をふさぐと途中参加はできなくなってしまいます。そこで、出入り口の外に案内係をおいて、読んでいる最中の入場は断って、本と本の合間に招き入れたりすると、うまく進行できます。

本を読み終わった人が、サポート係や案内係になるなど、係は交代でできます。人手不足の時には、サポート係は常連のお母さんにお願いしましょう。また、読み方にまだ自信がない人は、はじめはサポート係や案内係として会に参加することもできます。会を運営する人たちの中で工夫してください。

（6）参加者を集めるには？

最初のうちは、とくに積極的に広報しましょう。ポスターをつくったり、チラシをまいたり、市役所や役場に申しこんで、広報誌のサークル紹介コーナーなどにのせてもらうこともできます。町内会の回覧や掲示板も大いに活用しましょう。チラシの印刷が必要な時は、自治体によっては公民館などで印刷機を無料または実費で使わせてくれるところもあります。問い合わせてみてください。

子どもを集めるには何と言っても、口コミがいちばん！　1回1回参加者を満足させていれば、口コミで自然にお客が増えていきます。お客さんが大勢いると張り合いも出て、ますますやる気になれますね。

お客を「つかむ」には？

子どもは何でも集めるのが大好き。そこで、スタンプを押したり、シールをはったりする会員証をつくってみませんか？　スタンプやシールを集めたくて通ううちに、読み聞かせが好きになる子どもがたくさんいます。全部集めた子には、手づくりクッキーやカードなど、小さなプレゼントをあげるのも楽しいですね。一生懸命、読み聞かせの会に通った達成感があるからでしょうが、子どもは小さなごほうびをとっても喜びます。会員証に開催日時を書いておけば、次の回にも忘れずに来てくれますよ。

2 プログラムの立て方（付　年齢別プログラム例）

仲間うちの読み聞かせの会なら、当日各自が読みたい本を持ちよっての「出たとこ勝負」でもかまいません。でも多くの参加者を満足させて、「また参加したい」と思わせたかったら、メンバーで打ち合わせをして、プログラムを決めておきましょう。読む本の順番のほかに、始まりと終わりの挨拶、ざわつく子どもたちに、読みはじめるまでの雰囲気づくりをする「導入」、本と本との合間にリフレッシュする「つなぎ」の手遊びなどを含めて計画してください。

聴衆の心を一定時間つなぎとめておくのは、そう簡単にはできません。選んだ絵本がどんなにいい本でも、だらだら進行させていては聞き手もあきてしまいます。メリハリのあるプログラムにして、構成を工夫しましょう。

（1）お話の長短を組み合わせて

いくら本が好きな子どもでも、長いお話の絵本ばかりたてつづけに読まれたら、疲れてしまいます。会で２冊以上の本を読む時には、その本の長さや持ち味を生かす本と組み合わせたいものです。

たとえば、擬音と画面の変化で奇妙な世界に誘いこむ絵本、『もこもこもこ』（たにかわしゅんたろうさく　もとながさだまさえ　文研出版）は、ゆっくり読んでも３分くらい。この本を導入につかって聞き手を集中させたところで、メインの絵本に入ってはどうでしょう？

また、「メインの絵本が長いお話だから、子どもの集中力がある最初のうちに読み、最後は気楽に笑える短い絵本を読もう」と考えたり、長いお話と短いお話を上手に組み合わせて選びたいですね。

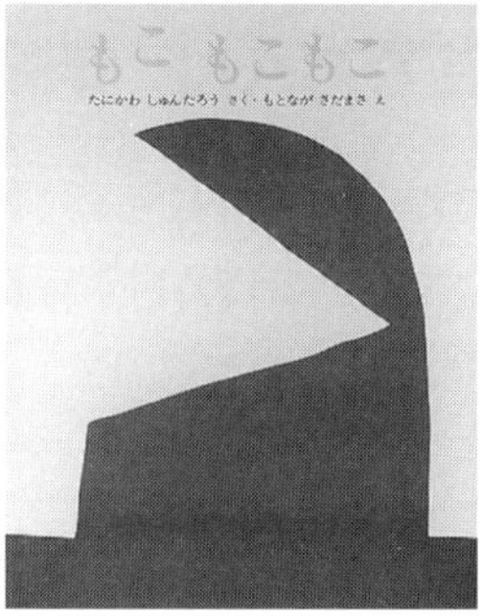

『もこもこもこ』

（２）お話の内容や順番も考えて

『おおかみと七ひきのこやぎ』（グリム童話　せたていじやく　フェリクス・ホフマンえ　福音館書店）と『三びきのこぶた』（イギリス昔話　瀬田貞二訳　山田三郎画　福音館書店）のように、内容や雰囲気が似ている本を続けて読まれたら、聞き手はあきてしまいます。また、ナンセンス絵本の『ごろごろにゃーん』（長新太作・画　福音館書店）でげらげら笑った直後に、手に障害をもつ女の子の気持ちを語る『さっちゃんのまほうのて』（たばたせいいち他共同制作　偕成社）を読んだのでは、内容にギャップがありすぎて、聞き手はお話を受け入れる心の準備ができないまま聞きはじめることになってしまいます。絵本のよさを殺さないように、組み合わせと順番を考えましょう。

（３）子どもをあきさせない工夫を

読み聞かせの会では、始まりや終わりの挨拶の時に、人形を使った寸劇で楽しい演出をしたり、導入やつなぎに手遊びを入れたりして、子どもの気持ちを無理なく集中させる工夫が大切です。本がかすんでしまうような派手な演出は逆効果ですが、短い時間でも小さなショータイムだと考えて、子どもが「楽しかった」と思える会になるようにしてください。また、時には絵本の読み聞かせ以外の出し物もプログラムに入れてみるのも楽しいものです。

（挨拶と導入のやり方は72〜74ページ、読み聞かせ以外の出し物については94ページからを見てください）

（4）年齢別プログラム例

とりあげた絵本の対象年齢は、私の集団への読み聞かせの経験から考えためやすです。また、ここでは、絵本を２冊ずつ読む例を紹介していますが、実際の会では、３冊以上読む場合も、読み聞かせ以外の出し物と組み合わせる場合もあります。プログラムを組む時の参考にしてください。

①１～２歳対象

〈導入〉くまの指人形が「こんにちは、ぼく、こんなことできるよ！」と言って「いないいないばあ」を子どもたちにやって見せる。「みんなもできる？」とくまに言わせてから人形をしまい、子どもとお母さんたちといっしょに「いないいないばあ」をする。

〈絵本〉『いないいないばあ』　松谷みよ子文　瀬川康男画　童心社　（１歳から）

（ねこ、くま、ねずみ、きつねが次々に「いないいないばあ」をする絵本）

〈つなぎ〉手遊び「げんこつやまのたぬきさん」（香山美子作詞　小森昭宏作曲）をお母さんたちもいっしょにやる。終わったら「みんなもお母さんのおっぱい大好きだよね。さあ、次の絵本にもお母さんが出てくるかな？」

〈絵本〉『ちいさなねこ』　石井桃子さく　横内襄え　福音館書店　（２歳から）

（逃げ出した赤ちゃんねこが、いろいろ危険な目にあうが、最後はお母さんねこが助け出すお話）

〈本の紹介〉読んだ本のほかに、その本に出てきたねこ、くま、ねずみなどの動物の出てくるほかの絵本や、お母さんの出てくる絵本を紹介する。（103ページからのブックリスト参照）

『ちいさなねこ』

② 3～4歳対象

〈導入〉 手遊び「トントントンひげじいさん」をする。(75ページ参照) この歌は「……手はおひざ」と終わるので、どの本の前でも「さあ、静かに聞きましょう」という具合につかえる。

〈絵本〉『はらぺこあおむし』 エリック＝カールさく もりひさしやく 偕成社 (3歳から)

(おなかがぺこぺこのあおむしが、くだものやケーキや葉っぱをどんどん食べていく絵本)

〈つなぎ〉 手遊び「くいしんぼうのゴリラ」。「くいしんぼうの ゴリラがバナナをみつけた 皮むいて皮むいて パクリとたべた あーおいしい……」。手遊びのあと、「お腹がすいちゃったあ。次の絵本で、おいしいものつくろうか？」と絵本に入る。

〈絵本〉『しろくまちゃんのほっとけーき』 わかやまけん こぐま社 (2歳から)

(しろくまちゃんが、お母さんとホットケーキをつくる。フライパンの中のホットケーキが焼けてくる場面では、子どもにもいっしょに声を出してもらい、楽しく読もう。(17ページ参照))

〈本の紹介〉 食べ物、お料理、虫やくまの出てくる絵本

★お話を聞く力がだいぶ育っているので、短かい絵本のあとには手遊びがいらないこともあります。

『はらぺこあおむし』

③ 5～6 歳対象

〈導入〉 指人形を使った寸劇「くまさんのおでかけ」中川李枝子作（『手ぶくろ人形の部屋』高田千鶴子著　偕成社　より）

「１本道をテクテク……」

〈絵本〉『ばったくん』 五味太郎　福音館書店　（3 歳から）
（「ぴょん　ぴょん　ぴょん」と散歩に出かけたバッタ。犬の背中の上を「ちょん　どきっ」、お皿の上を「つつつ　はっ」、ピアノの上を、「ぴん　ぽん　ぽろ……」と飛んでいく。音と絵が愉快な、導入にもつかえる絵本。このあと、つなぎは不要）

〈絵本〉『いいものひろった』 なかのひろたか作　二俣英五郎絵　童心社　（5 歳から）
（クマが川でつかまえたサケを次々に道に落としてしまい、通りかかったキツネが後をつけながらこっそり拾っていく。2 匹のたどる道中のようすにはらはらしながら楽しめる）

〈本の紹介〉 散歩や旅、虫、くま、きつねの出てくる絵本

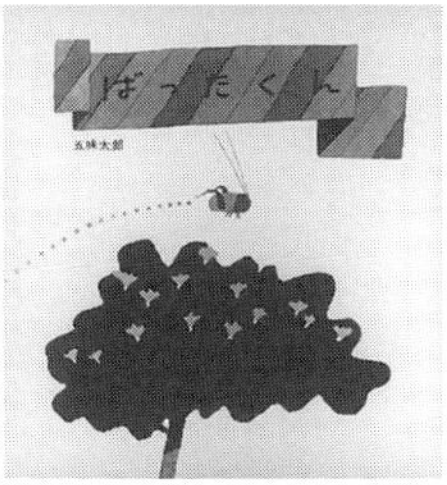

『ばったくん』

『いいものひろった』

④小学校１～２年生対象

〈絵本〉『ねずみくんのチョッキ』 なかえよしを作　上野紀子絵　ポプラ社（３歳から）

（ねずみくんの大事なチョッキを順々に大きい動物が着ていき、「すこし　きついが／にあうかな？」とニヤッと笑う、ユーモアたっぷりな短い絵本。導入にぴったり）

〈絵本〉『ちょろりんのすてきなセーター』 降矢ななさく・え　福音館書店（５歳から）

（お店で春の原っぱ色のセーターを見つけたトカゲのちょろりんが、じいちゃんの仕事を手伝ってやっとお金を貯めた。さて、セーターが買えるかな？）

〈本の紹介〉洋服、お気に入りの物、ねずみ、とかげ（科学絵本も含む）の出てくる絵本や物語

★小学生以上では、２冊程度読む時は手遊びを入れなくても大丈夫。長時間の時は、わらべ歌などのあまり幼すぎない手遊びを入れましょう。

『ちょろりんのすてきなセーター』

⑤小学校３～４年生対象

〈絵本〉『つくし』甲斐信枝さく　福音館書店（小学校中級から）

（つくしが育っていく過程やつくしとすぎなの関係などを詩的な文章と、写実的な絵で伝える科学の絵本）

〈絵本〉『ふうせんばたけのひみつ』 ジャーディン・ノーレン文　マーク・ビーナー絵　徳間書店　（小学校中級から）

（おばさんが秘密をうちあける。むかし、畑で風船を育てている変わり者がいたのさ……。アメリカ南部を舞台と思わせる、映画を見ているような気持ちにさせる奇妙な物語）

〈本の紹介〉 植物が育つ話、植物を育てる話、不思議な話、主人公が変わり者の絵本や物語

『つくし』

『ふうせんばたけのひみつ』

⑥小学校 5～6 年生対象

〈絵本〉『かようびのよる』 デヴィッド・ウィーズナー作・絵　当麻ゆか訳　徳間書店　（5歳から）

（火曜日の夜、町じゅうにカエルが飛びかっている。でも、人間には見えない……。迫力たっぷりの絵で見せる短い絵本。不思議な世界を描いた本を読む前の雰囲気づくりにつかえる）

〈絵本〉『まさ夢いちじく』クリス・ヴァン・オールズバーグ絵と文　村上春樹訳　河出書房新社（小学校中級から）

（やかまし屋で心の冷たい歯医者と、彼にしいたげられながら飼われている犬の身に起こった不思議な出来事）

〈本の紹介〉 不思議な出来事の本、飼い犬や飼い猫のでてくる絵本や読み物。

『かようびのよる』

『まさ夢いちじく』

⑦中学生対象

〈絵本〉『じごくのそうべえ』 たじまゆきひこ作　童心社　(小学校中級から)
(軽業師《かるわざし》のそうべえが、死んだ後に地獄で歯抜き師、やぶ医者、えせ山伏《やまぶし》といっしょに大暴れ。えんま様に追い出されて生き返った！　というお話。上方落語を再話したもので、聞きごたえがある)

〈絵本〉『100万回生きたねこ』 佐野洋子作・絵　講談社　(小学校初級から)
(どの飼い主も嫌いだったねこが、100万回死んだあと、生きかえってのら猫になり、ずっといっしょにいた白いねこに先立たれた後に死ぬが、もう生きかえらなかった。ユーモラスに語っているが意味が深く、若い人に人気がある)

〈本の紹介〉 天国や極楽・地獄、生き返った主人公、えんま様、天使の出てくる絵本や物語

『100万回生きたねこ』

『じごくのそうべえ』

3 本番前には

いよいよ本番当日。お客さんが来るまでに準備する時のポイントをまとめてみました。

(1) 会場の準備

敷物を敷いたり、椅子や机を出したりして会場を設営し、会場内の読み手と聞き手の位置を確認しておきます。

子どもたちは、おたがいの体がくっつかない程度に、なるべくまとまって座らせます。横に広がっていると、両はしの子どもには、絵が見えません。図のように、読み手を中心にして90～100度位の扇型になるように座るとよいで

す。

この時注意したいのが、出入り口を背にして座らせること。人の出入りで、聞き手の集中をさまたげないようにしたいからです。また、聞き手の気を散らすものが見えないように、読み手は壁を背にしているのがいちばんいい位置関係です。壁でない場合は、落ち着けるように工夫してください。窓があるなら、カーテンを引きます。本の後ろが明るすぎると、聞き手は絵が見えないからです。

読み手は子どもの前に出たら、全員に絵が見えるかどうかを考えて、子どもを移動させたり、自分の位置をずらすなどして、環境を整えてから読み始めましょう。

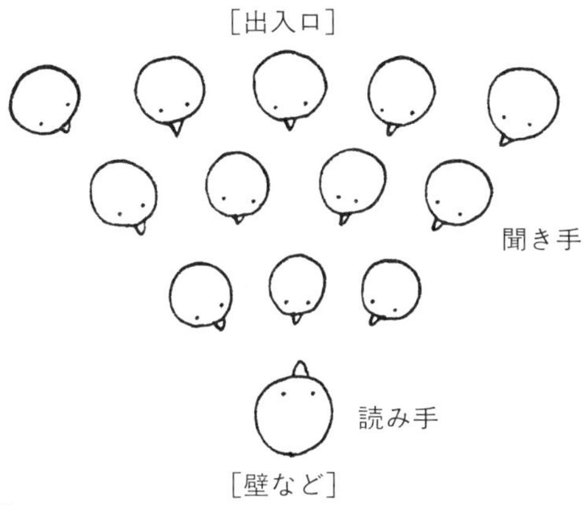

（2）打ち合わせ

その日の担当者を中心に、プログラム進行の流れや、誰がどの本を読むか、どんな手遊びをするかなどをメンバー全員で確認しておきます。その日やる手遊びは、全員できた方が楽しいし、どんな手遊びの後で自分が読むのか知る必要もあるので、ぜひ教えてもらいましょう。本番中の出入り口の案内係、会場内のサポート係などの役割分担もチェックしておきます。

（3）リハーサル

一度、本番どおりに通しでリハーサルをしておいた方が安心ですが、時間がないときは、全体の流れを押さえるために書名だけ言って「中抜き」（読む中味をとばす）でリハーサルし、どんな手遊びをするのかなどの、本と本とのつなぎの部分を確認しておきます。経験を積むうち、リハーサルなしでプログラムの進行を確認し合うだけでもうまくできるようにもなります。でも、導入やつなぎにどんなことをやるのか、全員が知っておくのは大事なことです。

はじめての会場でやる時は、リハーサルは本番の会場で、本番と同じ環境でやること。読み手の声が聞き手にきちんととどくか、絵がよく見える照明かどうかもチェックします。

4 いよいよ本番！

（1）挨拶とお約束

集団で話を聞く時は、「聞いている人の邪魔をしない」というのが礼儀です。「こんにちは、絵本の会へようこそ」などの始まりの挨拶の時に、「読んでいる時はほかのお友達のじゃまをしないように静かに聞いてね」という「お約束」をしましょう。参加者を萎縮《いしゅく》させないように、明るく、やわらかい口調で言いましょう。

指人形を使って、人形に挨拶やお約束を言わせるのもひとつの手。人間が言うより角が立たないし、会の雰囲気がぐっと楽しくなります。

私の図書館のおはなし会「ぐりぐらタイム」（絵本『ぐりとぐら』より命名）

親もいっしょに「お約束」

「1、2歳のうちは自我を確立させるために自由にしたいことをさせる方針です」と主張して、読んでいる本の真ん前に立って他の子のじゃまをしている我が子を、注意しなかったお母さんがいました。また読み聞かせの場を、「我が子を読み手に任せて自分が休憩する場所」と思っているのか、子どもを放っておく親もいます。

でも、いっしょに来た親には、せめて読んでいる間だけでも子どもを膝の上に乗せて、本に注意をむけるように気づかってほしいものです。最初のうちは、いやいや静かにさせられていた子どもも、回を重ねるうちに読んでもらう楽しさを覚え、絵本に集中できるようになるのですから。

親どうしのおしゃべりが、会場の雰囲気を台なしにすることもめずらしくない今日このごろ。じつは、「お約束」は、親にむけてのメッセージでもあるのです。はじめての参加者に伝えるためにも、お約束は毎回した方がいいですね。

に来る子どもたちは、「こんにちは。今日も楽しいお話がいっぱいあるよ」と言って出むかえる、ねずみの指人形、ぐりとぐらに会うのを本当に楽しみにしてやって来ます。会の最後には、ぐりとぐらが「バイバイ」と握手するので、順番待ちの列ができるほど。「今日は、ぐりとぐらに会う日だよ」と朝からお母さんをせかすらしいですよ。会のマスコット人形を決めても楽しいですね。

本を読んでいるときは静かに聞いてね!
それから、途中で疲れちゃったり泣きたくなったら、そーっと外に出てもいいんだよ!
聞けるようになったらまた、入ってきてね。
では はじまり はじまり!!

(2) 導入——子どもが「聞きたいな」と思うように

お話の多くは出だしの部分で登場人物や舞台設定などの大事なことを説明しています。だから出だしを聞きのがした子どもには、お話がなかなか見えてきません。いつまでも楽しめないので最後まで聞けなくなることもよくあります。あわてずに、子どもを読み手に集中させてから読み出しましょう。

①表紙をじっくり見せて、注意を集める

小さい子には、「今日読む本はこれです」と、表紙を見せ、「これなあに？ そう、ぞうさんね。これは？ 小さい動物だねえ。なんだろうねえ。(答えを言わない方がいい場合が多い)。じゃあ、読みますよ。はじまり、はじまり……」というように表紙の絵に注意を集め、中味に期待を持たせてから、タイトルを読みはじめてみましょう。これがいちばん手軽にできる導入法。大きい子や、読み聞かせ経験豊富な集団には、だまったままじっくり表紙を見せるだけで導入になります。

②手遊び・指遊びが有効

集まった子どもたちがなかなか落ち着かない時には、手遊びや指遊び（歌に合わせて指や手を動かして遊ぶ）をして、まず子どもをひきつけましょう。

手遊び・指遊びには、昔から伝わる「ずいずいずっころばし」のようなわらべ歌もあれば、創作の手遊びもあります。幼稚園や保育所で先生がよく教えてくれるので、小さい子がいる人は子どもに教えてもらうといいですよ。小道具も準備もいらないので、いくつか覚えておくと、ざわついてしまった時などにもつかえて、とても便利です。

手遊びには、本と本の合間に息抜きをさせる効果があります。じっと座って聞き続けたあとでちょっと声を出して遊ぶと肩の力もほぐれ、新たな集中力が生まれるのです。とくに幼児は手遊びが大好き。プログラムを考える時に、本と本のつなぎとしても、手遊びをじょうずに組みこみましょう。たとえば、「トントントンひげじいさん」のあとに、おじいさん、てんぐの出てくる本や、擬音（とんとん、ころころ、など）の出てくる絵本と組み合わせるなど、手遊びと本が少しでも関連するように組み合わせると、さらに効果が上がります。

ただし、これから読む本の世界に誘うためにやるものですから、子どもが興奮して騒いでしまうようなものは避ける必要があります。

★参考図書

『指あそび手あそび100』阿部直美編著　チャイルド本社

『手あそび、指あそび、顔あそび』菅原道彦著　一声社

『保育園で人気の手あそび・うたあそび』『同　Part 2』ちいさいなかま編集部編　草土文化

「トントントン」　「こぶじいさん」　「ランランランラン」

トン トン トン ひげじいさん

作詞者不明
玉山英光 作曲

トントントン
ひげじいさん
トントントン
こぶじいさん
トントントン
てんぐさん
トントントン
めがねさん
トントントン
てはうえに
ランランランラン
てはおひざ

（3）読まない勇気も必要

ライブは予定通りに運ばないことだらけ。予想していたより小さい子ばかり集まっていたり、子どもがざわついて収集がつかなくなってしまった時には、急遽《きゅうきょ》、違う本を読んだり、1冊カットすることも必要です。失敗を何度も経験するうちに、何が起ころうとあわてずに対処できるようになっていきます。短くておもしろい、何とか聞いてくれそうな本を「まさかのときの1、2冊」として用意しておくといいですね。

（4）「もう1冊聞けるかな？」がやめどき

「もう、終わり？　もっと読んで」と言われ、その気になって読んだのに、じつは子どもはくたびれていてよく聞けなかった、という苦い経験を何度かしています。「もう1冊くらい聞けるかな？」の腹八分目がやめどき。余裕を残し、「おもしろかった！」で終えた方が次回への期待も増すでしょう。

（5）本の紹介で、楽しさ倍増

学校や図書館などで読み聞かせをすると、子どもたちが「その本、貸してー」と今日読んだ本を借りたくて、かならず取り合いになります。気に入った本ほど、もう一度自分でゆっくり見たくなるのでしょう。「読み聞かせっぱなし」で終えてしまうのはもったいないですよ。その場では本を貸し出せない場合は、読んだ本の『書名・著者名・出版社名』を書いたリストを配り、「図書館に行けば同じ本が借りられるよ」などと、どこで借りられるか教えてあげましょう。

本の楽しさを味わった直後に、「この本もおもしろいよ」とほかの本も紹介されると、それも読んでみたくなるものです。読んだ本と同じ動物の出てくる本など、読んだ本に合わせておすすめの本を数冊紹介して、子どもたちの読書意欲を刺激しましょう。

特に小学校中学年以上の子どもたちは、読み聞かせの後の本の紹介をとても喜びます。絵本だけでなく、読み物や科学の本などバラエティにとんだ本をとりあげて、いろいろな好みの子どもたちに応えたいですね。

（6）反省会をし、記録をとる

会が終わったら、10分でも15分でもいいから、メンバーでかならず反省会をやりましょう。本選びは成功していたか、子どもたちの様子はどうだったかなど、よかった点はたっぷりほめ合い、うまくいかなかった点はどうするか考えて、次回につなげます。メンバーどうしで何でも率直に心を開いて反省し合える人間関係をつくりたいですね。

毎回の記録をとるのも忘れずに。記録内容は、日時、場所、天気、参加人数、読んだ本、読んだ人、手遊び、紹介した本、感想と反省など。会を続けていく上でかならず役に立ちますよ。

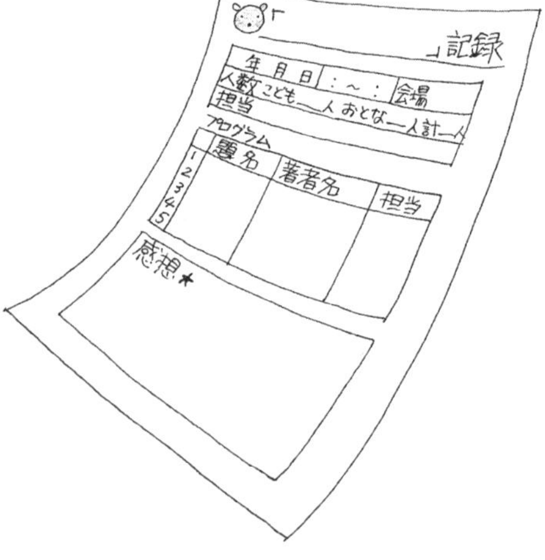

第4章 読み聞かせの会、いろいろな場で成功させよう

第4章 読み聞かせの会、いろいろな場で成功させよう

この章では、いろいろな場所での読み聞かせの会を成功させるコツなどを具体的にお話します。あなたの身近な場所で、読み聞かせの会をつくってみませんか？

今、図書館や公民館でだけでなく、学校や幼稚園など、さまざまな場所で「読み聞かせの会」が開かれています。でも、どんな場所で、どんなふうに始めたらいいのかさっぱりわからない、という方もいると思います。それに、「会を始めてみたいけれど、ひとりじゃちょっと」「周囲の人になかなか理解してもらえない」などの悩みをかかえている方もいるでしょう。

成功させるためには、それぞれの場所によって、ちょっとしたコツが必要。ここでは、私が図書館の仕事を通じて知り合った素敵な仲間たちの、パワフルで、ねばり強く、時にしたたかな作戦も紹介しています。参考にしてみてください。

1 自宅で

いちばん気軽に始められるのが、自宅での「読み聞かせの会」。友達どうし、仲良しグループが家に集まる時に「読み聞かせタイム」をつくってみませんか。

コツは、子どもが聞く気分になれるように、それまでの遊びの時間ときちんと区切って読み始めること。食べ物やおもちゃはかたづけて、親も気持ちを切り替えてから始めましょう。１、２冊読むだけで充分楽しめます。普段着の読み聞かせの会です。自分達親子だけの時とは、まったくちがう楽しさが味わえますよ。親どうしが順番に読み合えるといいですね。もし事情が許すなら、ここから発展して、お客さんに来てもらう会にもできます。

2 公民館や集会所で

仲間で場所を借りて、「読み聞かせの会」を開くこともできますね。はじめからお客さんをよんでやるのが不安だったら、まずは友達どうしの「読み聞かせの会」にして、軌道に乗ってから地域の子どもや親によびかけてみればいいでしょう。その時には、ポスターやチラシをつくって、大いに宣伝してください。(PR 方法については 62 ページを参照)

公民館など、公共施設では、予約方法や使用料は、施設によってさまざまですが、住民は無料というところも多いですね。ぜひ利用してみましょう。

家庭文庫（地域文庫）ってなあに？

自宅の一室を開放して、子どもたちに本を貸し出したり、おはなし会を開いている家庭文庫（地域文庫）が全国にたくさんあります。「文庫のおばちゃん」たちは、子どもの本が大好きな人ばかりで、読み聞かせのベテラン。いい本をたくさん紹介してくれます。近くにあるのを見つけたら、ぜひ行ってみましょう。

文庫の情報は、地域の図書館に聞けばきっとわかります。ポケットマネーで運営し、無料で開放している文庫がほとんど。人手不足に悩んでいるところも多いので、そこの文庫が気に入ったら応援してあげたいですね。

★団地の集会室で、読み聞かせの会ができた！

Mさん

読み聞かせの会をやっている図書館がそばにあれば、団地の若いお母さんたちがもっと子どもに絵本を読んであげるようになるのに、と残念に思っていたＭさん。ある年、団地の自治会の行事を担当する役員の当番になり、ふと、「親子で参加する読み聞かせの会」を企画しようと思いつきました。とはいえ、自分が人前で読む自信はありません。そこで、思い切って図書館に出むき、館長に頼みこんだところ、「図書館から離れた地域へのサービス」の一環として、月１回の団地の読み聞かせの会に、司書が来てくれることになったのです。

そこですぐに世話役を募り、団地の集会室での「読み聞かせの会」が誕生！　１年前には、自分が近所に会をつくることになるとは、Ｍさん自身、思ってもみなかったでしょう。まさに、チャンスを生かした成功例です。

じつはその数年後には、図書館から職員を派遣してもらえなくなってしまったのですが、会をやめるのはもったいないとみんなが言い出し、自分たちで読み聞かせをするようになりました。この会は、団地の自治会の活動の中で、もうすっかり定着しています。

3 幼稚園、保育所で

幼児ならだれでも、主人公になりきってお話の世界に入りこむ才能を持っています。いちばんお話を楽しめるこの時期に、たくさんのいい絵本と出会わせたいもの。多くの幼児が通う幼稚園や保育所での読み聞かせは、家庭では読んでもらえない幼児たちにも本と出会うチャンスを与える、というすばらしい役割を果たしています。子どもに本を読む時間を大切にしてくれる園は、子どもたちの心にたっぷり栄養を注いでくれているのです。

PTA や地域の人が幼稚園や保育所に出かけて行き、ボランティアとして読み聞かせをする活動も各地で行われています。先生も親も、協力して園児たちにたくさんの本と出会わせたいですね。

★幼稚園での読み聞かせボランティアを成功させるコツ

幼稚園で「お母さんの読み聞かせの会」を立ち上げ、成功させるには、どんなことに気をつけたらいいでしょう？　実践例をあげながら、ポイントをいくつか紹介したいと思います。(87 ページの「学校での読み聞かせボランティアを成功させるコツ」も、参考にしてください。)

Kさん

(1) 理解者をつくり、じょうずに提案

息子の通う幼稚園の先生が、あまり絵本を読んでくれないのに悩んでいたKさん。先生方に本を読む時間がないのなら、「お母さんたちが本を読み聞かせる時間」をつくってもらい、自分たちで読んであげたいと考えました。

そこでまず、保護者会の役員の１人に相談をもちかけ、役員の中に応援団を数人確保。その上で役員会に出席させてもらい、先生に、有志（当初はKさんと友達の２人）での読み聞かせをやらせてくれないか、とお願いしてみました。

前もって話を聞いていた役員が、「子どもに本は大事」「ボランティアしてくれるなんてありがたい」などと後押ししてくれたこともあって、先生が、「悪いことではないので、朝の自由遊びの時間に、自由に来て読んでください」と承認してくれたのです。そう、この事前の準備がポイントなんですよ！

こうして、有志のお母さんによる読み聞かせの会を、職員室の隣の 20 畳ほどの部屋で、週１回開くことが決まりました。

（２）先生の出番をつくって「おいしい体験」をしてもらう

聞きたい子だけが自由にやって来る、朝の「読み聞かせの会」。はじめの頃は、園のほとんどの子どもが、会ができたことを知りませんでした。忙しい時間帯なので忘れてしまうのか、先生方もめったに顔を出さず、「今日は自分たちの子どもだけがお客さん」というさびしい時もありました。でも園長先生だけは、どんな風にやっているのかと時々、見に来てくれていたのです。

そこである日、園長先生にも１冊読んでもらいました。すると子どもたちが大喜び！　園長先生が、自分たちだけに特別に読んでくれたのがうれしかったんですね。そんな子どもの姿を見たら、園長先生だってうれしくなるはずです。この時の「園長先生の読み聞かせ」は評判をよび、それからは他の先生も時おり、のぞきにくるようになったといいます。もしかしたら、気をよくした園長先生が、先生方にすすめてくれたのかもしれませんね。

こんなふうに、無理のない範囲で先生方にも出番をつくり、「おいしい体験」をしてもらいましょう。先生が来られなくても、子どもたちに「絵本を聞きにいってごらん」と、すすめてくれるようになるでしょう。

（３）先生に、聞く楽しさを知ってもらう

Ｋさんたちの読み聞かせの会にも、常連のお客さんができました。でも、まだほんの一部の本好きな子どもたちだけです。本当は、絵本やお話に出会ったことのない子どもにこそ、読んであげたいし、なにより先生方に本を読む大切さをアピールしたくて始めたのですが……。

こんな時にはまず、先生自身に「読み聞かせを聞くのは、楽しい！」と思ってもらう機会をつくり、園全体に「本が好き」という雰囲気を自然に広めていくことが、会を定着させる上での大きなポイントになります。

そこでＫさんは、「幼稚園の『お散歩タイム』に、図書館で絵本を読んでもらったらどうですか？」と、息子の担任の先生に情報提供。その町の図書館では、地域の保育所などが申しこめば、司書が絵本を読んだり紙芝居をしてくれるサービスがあったからです。じつは、どこの幼稚園でも、お散歩コースのマンネリ化には悩んでいるものなんですよ。こうして、園児も先生も図書館で読

み聞かせをたっぷり楽しみました。

聞く楽しさを味わった先生は、読み聞かせの魅力に気がつきます。バザーの時に、古本市と合わせて「ちょっとした読み聞かせタイム」を設けたり、PTA行事に、絵本や読み聞かせの楽しさを話してくれる講師を招く企画をしてみたりと、どんな方法でもいいですから、先生と絵本を結ぶ工夫をしてみましょう。

（4）仲間を増やし、次の代へとつなげていく

２人ではじめた読み聞かせのボランティア。口コミで評判が広まるにつれ、本好きのお母さんが興味を示しはじめました。子育て中のお母さんの中には、社会とのつながりを求めて「何かやりたい」と思っている人がいるものです。２年目からは、役員会で年度はじめに読み聞かせボランティアを募るようになりました。

そして６年たった今、ボランティアは15人以上。自由参加の読み聞かせの会が、クラスのみんなで聞く会になり、ときどき全園児を集めて「絵本を中心にしたお楽しみ会」を開くまでになっています。「子どもたちに読んであげる楽しさを知ったお母さんのパワーが、先生を動かしているんですよ」と言ったのは、Kさんの後をついで活躍しているWさんです。

せっかく立ち上げた読み聞かせの会。個人の趣味で終わらせず、幼稚園の事業のひとつに位置づけるよう工夫をして、新しい代のお母さんへとつなげていってほしいものです。

★保育士さんの読み聞かせのコツ

M先生

（1）お昼寝の前が読み聞かせタイム

M 先生の勤める保育所では、毎日お昼寝の前の時間に、本を読み聞かせるようにしています。お話を聞くうちに子どもたちが静かになって、お昼寝に入りやすいんだそうですよ。

ただし、これは先生ならではのコツ！　ボランティアなど、外部から人がやって来て読み聞かせする場合は、子どもたちが興奮してしまい、お昼寝前にはむかないようです。

（2）時には１対１で

みんなといっしょに長いお話が聞けずに騒いでしまう子どもには、別の先生が、その子のプライドを傷つけないようにしながら、少し離れた場所でもう少しやさしい絵本を読んであげる工夫をしているそうです。「１対１の読み聞かせを続けるうちに、みんなといっしょに聞けるようになる子が大勢いるので、やりがいがありますね」と、M 先生。

（3）仲間と絵本の勉強会

M 先生は、読み聞かせにむく絵本を知るために、町の図書館が保育所や児童館の職員を対象に開いている絵本の勉強会に参加しています。読んでみたい絵本が見つけられるし、会で仲間の先生たちとゆっくり絵本を楽しむと、早く自分の受け持ちの子どもたちに読んであげたくなるから不思議です。この会は、あるベテランの保育所の先生が、「おすすめの絵本を保育士たちに教えてほしい」と、図書館に相談したのがきっかけで誕生したものです。

4　児童館、学童保育所で

児童館では、幼児と母親の親子遊びの催しの中で、読み聞かせを取り入れているところもたくさんあります。小学生の集まる、放課後や週末の児童館や学童保育所では、自由に遊ぶ時間が主流になっていることが多いので、読み聞かせをしようと思ったら、落ち着いて本に集中できる雰囲気づくりと、子どもを本にひきつける工夫が必要です。

遊ぶつもりでやって来ている子どもに突然、「本を読むよ」と言ってもなかなかその気になってはもらえません。まず、子どもたちに「読み聞かせの時間」を前もって知らせ、定例化させることが大事。

また、本に集中できる落ち着いた場所が確保できれば問題ないのですが、空いている部屋などない施設がほとんどですよね。だから読み聞かせの時間には、施設全体が読み聞かせのムードになるように気をつけたいものです。ボランティアが出むいて読む時には、いい雰囲気がつくれるように、職員に協力してもらうのが成功させるコツ！　最初は１冊だけでもいいですね。遊びたくて聞く気がなかった子でも、暇つぶし、といっしょに聞くうちに、けっこう楽しんだりするものです。

また、毎日おやつの前に、職員が必ず１冊読み聞かせることに決めている学童保育所もあります。継続は力、子どもたちの「聞く耳」がみるみる育っていくのがわかりますよ。

水曜日の3時30分から
4時は、本の時間だよ。
聞かない人も
静かにしてね！

5 学校で

日々の暮らしの中で本にふれる機会のない子どもでも、学校で読んでもらえれば本に出会うことができます。学校での読み聞かせは、もっとも多くの子どもに本の楽しさを伝える絶好のチャンスです。

最近では、文部科学省が子どもの読書活動や学校図書館の充実に力を注ぐように声を大にしているせいか、PTA や地域のボランティアが小学校に出むいて、朝自習の 10〜15 分間に読み聞かせをしている事例が全国的に急増しています。

公共図書館の司書や地域のボランティアを招いて、授業時間に「読み聞かせ」や「おはなし（昔話などの語り）」、「ブックトーク（本の紹介）」をしている小中学校も増えてきました。また、学校図書館に司書を配置している学校では、司書が図書館の利用指導とともに「読み聞かせ」や「ブックトーク」をしています。もちろん、ふだんの授業や学級活動に読み聞かせを取り入れている先生もたくさんいます。

不用意なおしゃべり・うわさ話は厳禁!

学校でのボランティアの際、「A 先生のクラスは、うるさくてまとまりがない」「B 君は、問題児ね」などと、不用意に口外しないこと。その一言に尾ひれがついて、子どもや先生の心を傷つけてしまうことがあります。学校内がかきまわされて、「ボランティアにはこりごり」という学校もあるんですよ。気になることは、きちんと先生に相談するようにしてください。軽々しいだれかの一言が、せっかくのボランティアの活動の場を狭めてしまいます。絶対にやめましょう。

★学校での読み聞かせボランティアを成功させるコツ

最近は、授業に学校外の人を招いて話を聞いたり、学校活動の中に子どもと地域との交流を心がけた時間を持つようにするなど、「開かれた学校」を意識した学校経営が展開されています。「学校」は外部の人にもずいぶん近寄りやすい雰囲気になってきました。でも、やはり神聖な教育の場。いくら「読み聞かせはいいことだから」といっても、学校側では、いったいどんな人が来るのかと心配するものです。読み聞かせボランティアを先生方に認めてもらい、定着させるには、いろいろな準備と工夫が必要ですね。

ここでは、地域の人たちが、学校でのボランティアを成功させるコツをいくつか紹介します。（81ページの「幼稚園での読み聞かせボランティアを成功させるコツ」も、参考にしてください。）

（1）本が好きな人を仲間にする

読み手の、本に対する愛情がなければ、いい読み聞かせはできません。学校への義理や、「よいことだから協力するべきだ」という意識だけでやってもうまくいかないのです。本が好きで、子どもに読みたいと思っている人を仲間にすることがいちばん大事なんですよ。

（2）ボランティアを申しこむ時は慎重に

ボランティアの熱意ばかりが前面に出すぎると、学校側にうまく趣旨が伝わらないことがあります。学校に申しこむ時は、慎重に話を持ちかけましょう。

まず校長先生に手紙を書いて、文書で趣旨を説明。それから会う時間をとってもらいますが、いきなり大人数で押しかけず、少人数で出むくようにするなどの心づかいがほしいですね。

（3）研修会をする

活動を開始する前に、できればボランティアに参加する人たちの研修会を開く方がいいですね。集団への読み聞かせ経験がない人のための指導と、参加メンバーの中で共通認識をもつことが目的です。本の選び方と読み方を研修します。

また、新しいメンバーが入ってきたり、新たな悩みが出てくることもあるので、その後も年に１度は学ぶ機会をつくるようにしましょう。講師は、地域の図書館の司書などに頼めば、予算もかからなくてすみますよ。

（４）学校とよく話し合う

「読み聞かせの時は、教室の机を少し前につめ、後ろの空間で読みたい」とか、「読んだ本のタイトルを書いた紙を教室にはってもいいか」など、具体的なことを学校とよく話し合っておくことが大事です。相談しやすい先生を見つけて、学校とのパイプ役になってもらうといいですね。

（５）定例会をし、お便りを発行する

研修会とは別に、ボランティアのメンバーが定期的に集まり、担当する日と読むクラスを決めるなどの打ち合わせの会が必要です。その時に、各クラスで読んだ本や、子どもの反応を報告し合ったり、これから読む本をいっしょに考えたりすることも大事です。

また、かんたんなものでいいですから、スケジュールや連絡事項、みんなで守りたい注意事項などを書いたお便りを、定期的（月１回、学期に１回など）に出すといいですね。メンバーの数が増えるほど、定例会とお便りが役に立ちます。

会の運営は全員でやるという心がけが大事。定例会の進行役やお便りを発行する係は、持ち回りの当番制にするのが、会を活性化させ長続きさせるコツです。

★教師の読み聞かせのコツ

I先生

（1）クラスの子と「読み聞かせタイム」を決める

小学校に勤めるＩ先生は、毎年新しいクラスを持つたびに、「○曜日の帰りの会は読み聞かせタイム」というように、本を読む時間を決めて、子どもに宣言することにしています。学校は毎日目の回るような忙しさで、とても読む暇なんかないように思えるのですが、子どもたちと約束しておけば何とか読めるのです。

継続するうちにクラスじゅうが本好きになり、「私が読み聞かせタイムを忘れてしまうと『先生、本は？』と催促されちゃうんですよ」ということですよ。

（2）落ち着かないクラスほど、たくさん読んであげる

「今年のクラスはちょっとまとまりがないな、という時ほど、たくさん読み聞かせするように心がけています」とＩ先生。読み聞かせでは、教師とクラスの子どもたちがいっしょに笑ったり、ドキドキしたりするからでしょうか、続けるうちにクラスがまとまっていく経験をたくさんしてきたそうです。「そういえば、元気がよくて、騒がしいクラスの子どもたちほど、本の世界に夢中になれるんですよ。不思議ですね」

6　図書館で

図書館の仕事は、本と利用者を結ぶこと。だから、ほとんどの図書館では、児童サービスの一環として、子どもたちに本の楽しさを直接伝えることのできる読み聞かせをしています。読み聞かせのほかに、紙芝居、昔話の語り、パネルシアターなどをいっしょにやり、「おはなし会」とよんでいる図書館が多いですね。

図書館の読み聞かせの会やおはなし会では、司書（職員）が中心になって企画・運営をし、子どもの反応を肌で感じ取りながら、本を選ぶ目と読み聞かせの腕をみがくことが大事です。会のある日の児童室は、子どもや親の笑顔でいっぱい。図書館全体が活気づくものです。

多くの図書館では、職員だけでなくボランティアの協力を得て、おはなし会などを運営しています。ボランティアの中には、自分たちで会を運営し、その

会場として図書館を借りているというグループもあります。

読み聞かせの活動をはじめたい人は、近くの図書館に行ってみましょう。館の事情でボランティアを募集していない場合も、地域で活動している読み聞かせボランティアについての情報を提供してくれることでしょう。児童担当の職員に、気軽に相談してみてください。

★図書館での「読み聞かせコーナー」の工夫

読み聞かせをしている会場のまわりが、書架でかこまれていると、本を借りにくる人にじゃまされて、お話に集中できません。それに、本を借りにきた人にも迷惑です。会場と書架のコーナーとは仕切りをつけるなど、落ち着いて読み聞かせの会ができる雰囲気づくりを工夫しましょう。

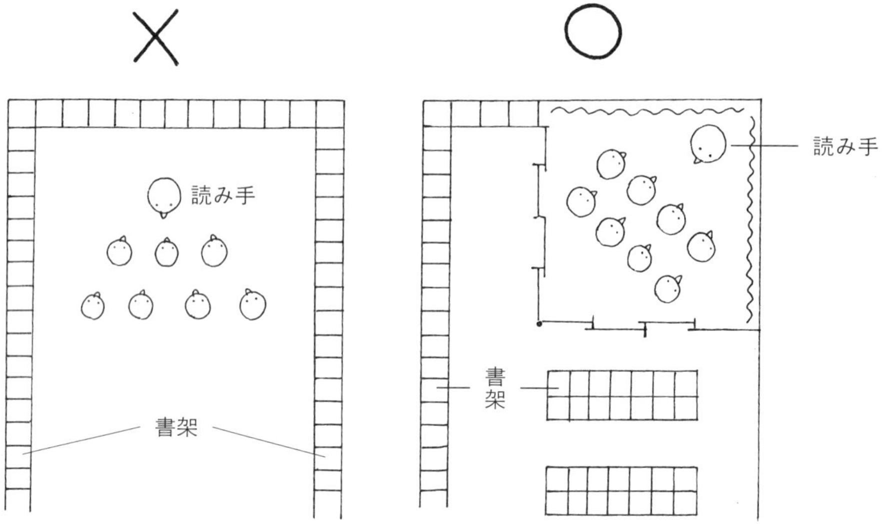

7 その他いろいろな場所で

保健所の母親学級や、予防接種時の待合室、小児病棟、デパートの託児室など、子どもが集まるさまざまな場所で、今、読み聞かせが行われています。思いがけない場所で、すてきな読み聞かせができるかもしれません。アンテナを高くはって、自分がはじめやすい場所を見つけてください。

その他の出し物、いろいろ

こんな時にこんな本を

（ジャンル別ブックリスト）

その他の出し物、いろいろ

バリエーションをきかせて、読み聞かせ以外の出し物もやってみたい、という人のために、出し物の種類と参考資料を紹介します。

「読み聞かせの会」といっても、いつも絵本や本を読むだけでは物足りないと、日頃からいろいろな出し物をまぜて、「おはなし会」としてプログラムを組んでいる方も多いことでしょう。いろいろな楽しい出し物を研究してみてください。

とくに、学校や図書館の読み聞かせの会では、昔話のパネルシアターをした後に、その昔話の絵本を紹介する、などというように、出し物だけでは終わらせず、子どもたちと本を結ぶ工夫をしてみましょう。

1 語り（ストーリーテリング・おはなし・素話）

「語り」とは、昔話や創作の物語を覚えて、本を見ずに生の声で語り聞かせることです。幼児にむけた語りの会もあれば、おとなのための語りの会もあります。

すぐれた語り部の語りを聞くのは、すばらしいものです。でも、普通の人が、筋だけ知っているお話を自己流に語っても、そううまくはいきません。集団の聞き手の心をつかむのは、とてもむずかしいのです。ですから、一般的には、語りにむくいいテキストを本から見つけ、それをそのまま覚えて語る方法をおすすめします。

語りは、一見地味な出し物のようですが、よい語りを聞くとお話のイメージが頭の中に鮮明に浮かびあがり、強い印象と深い感動を残します。おはなし会の中では、読み聞かせと同様、メインの出し物に位置づけたいですね。

語りは、耳をすまして聞かないとお話の筋がわからなくなるので、子どもをしっかり語り手に集中させてから語りはじめなくてはいけません。紙芝居などの派手な出し物の後にもってくると、静かな語りの世界に誘いにくいものですから、避けた方がいいでしょう。子どもに集中力が残っているうちに、語りをもってくるプログラムを組むのもひとつの手です。

★参考資料

『〈たのしいお話〉お話を子どもに』松岡享子著　日本エディタースクール出版部

お話を子どもたちにする意味や必要性、お話の選び方などについて解説。

『〈たのしいお話〉お話を語る』松岡享子著　日本エディタースクール出版部

お話の覚え方、声の出し方やテンポについて、お話会の進め方などを説く。

『おはなしのろうそく１～23』東京子ども図書館　編集・発行

子どもに語ることを目的に再話されたお話集。巻末に、語る際のアドバイス付。

2 紙芝居

紙芝居は、読むのではなく、演じてください。紙芝居は「芝居」なのです。ここが読み聞かせと大きく違うところです。ぬき方、間の取り方、声の出し方など、演じ手がうまいか下手かで、おもしろさが何倍も違ってきます。

物語をじっくり聞かせる紙芝居もありますが、やはり絵本と比べると華やかで、演じ手のパワーで子どもを引っぱりこむ感じです。ですから、紙芝居のあとに、耳をすませて聞く必要のある読み聞かせを続けてやると、うまくいかないことが多いのです。私は、読み聞かせや語りの後の、最後のお楽しみによく紙芝居をしています。

★参考資料

『紙芝居のはじまりはじまり～紙芝居の上手な演じ方』　右手和子著　童心社

『紙芝居・共感のよろこび』まついのりこ著　童心社

『紙芝居～選び方・生かし方』上地ちづ子・児童図書館研究会共著

児童図書館研究会　〒105-0004　東京都港区新橋 5-9-4　関ビル３F

TEL 03-3431-3478

ビデオ「紙芝居のはじまりはじまり～紙芝居の上手な演じ方」右手和子　童心社

印刷紙芝居の草創期に活躍した紙芝居作家を父にもつ、右手さんの見事な紙芝居。演じ方は目で見るのがいちばん。少々値は張るが、見る価値はある。

あると楽しい紙芝居の小道具

紙芝居をする時は、かならず扉がついている紙芝居の箱（舞台）をつかってください。お芝居ですから、舞台が必要なのです。舞台なしだと、面白さは半減してしまいます。扉は、舞台の袖にあたる役目をします。

拍子木もあった方がいいですね。100円ショップで売っているから、探してみましょう！

自分で木材を買ってつくるなら、一般的にはカシの木です。サクラの木やカリンや、シタンだともっといい音が出ます。大工さんに切れ端がないか聞いてみましょう。

★舞台の問い合わせ：童心社、教育画劇

3 パネルシアター

毛ばだちのいいフランネルなどの布をはったパネル板が舞台です。その上で動かす人形（コマ）は、Ｐペーパー（パネルシアター専用の不織布）に描いた登場人物や背景を切り取ったもの。Ｐペーパーは、フランネルの布にくっつくようにできているので、演じ手がこの人形を、舞台にはったりはがしたりしながら、お話や歌遊びを進めます。

読み聞かせの合間の息抜きにつかえるものもありますが、お楽しみの色が強い出し物なので、最後をぱあっと華やかに終わらせたい時に効果的です。紙芝居と同様に、演じ手の演技力がものをいいます。

★参考資料

『おはなしを楽しむパネルシアター』山本眞基子・平川静子著　児童図書館研究会

『小林雅代のかならずできるベストパネルシアター』小林雅代著　ひかりのくに

『パネルシアターを作る』（１～５）古宇田亮順著　東洋文化出版

★Ｐペーパーやパネル用の布は、大きな書店や文房具店で取扱っています。

4 エプロンシアター

演じ手の着ている胸あて式のエプロンを舞台にした人形劇です。エプロンにマジックテープを縫いつけ、そこに布で作った人形や背景を張りつけながら、お話や歌遊びをします。エプロンのポケットから次々と人形が飛び出すので、とくに幼児に喜ばれます。大がかりな道具はいらず、エプロンを持っていけばできるので便利。

ただし、演じ手のおなかの上だけで広がる世界なので、広い会場でやるときには、全員に見えるか、ちまちまとした印象になっていないかなどをチェックした上で、プログラムに入れましょう。読み聞かせの合間の息抜きや、最後のお楽しみにむいてます。演技力をみがいて、子どもをひきつけてください。

★参考資料

『楽しく手づくりエプロンシアター』中谷真弓著　フレーベル館

『ザ・エプロンシアター』（1～3）中谷真弓著　フレーベル館

5 ペープサート

画用紙やケント紙に描いた絵を切り抜き、棒（割り箸、ストローなど）につけたものを動かしてお話を進めます。紙の人形劇ですね。お話を覚え、台本を見ずに語れるようにした上で、タイミングよく人形を出したり、くるりと人形の表裏をひっくり返さなくてはいけないので、かなり練習が必要です。

ふつう、読み聞かせといっしょに行われるのは１人で演じるペープサート。ペープサートをつかったクイズや歌遊びや、２つの人形が会話をする寸劇は、会のはじめの導入や息抜きに活用できます。すこし長い劇や、大きな人形をつくって複数の演じ手でやる大がかりなものは、最後のお楽しみにもっていきましょう。この場合は、演じ手の手元がかくれるように、机の上にかんたんなついたて（横 100 cm×高さ 10 cm 程度）をおいて、舞台にすると効果的です。

★参考資料

『ザ・ペープサート』阿部恵著　フレーベル館

『からくりペープサート』望月新三郎著　創和出版

6 その他

（1）指人形・軍手人形をつかった寸劇

人形を歌に合わせて踊らせたり、おしゃべりさせたりする、かんたんな寸劇もおすすめです。子どもたちは人形が大好き。会に人形が登場したとたん、子どもの表情がぱあっと明るくなります。会のはじめに子どもを集中させたい時や、本と本の合間の息抜きに活用しましょう。とくに台本などは必要ありません。

軍手やフェルトで、本に出てくる主人公の人形をつくって「おはなし会」に登場させれば、楽しい雰囲気が広がるだけでなく、ますますその本を好きになってもらえるから一石二鳥。人形を「おはなし会」のマスコットにするのもいいですね。

指人形を動かす時は、気を抜くと人形の両手がバンザイしてしまいます。また、人形どうしを会話させる時は、人形の目と目が合うように気をつけて演じるのがポイントです。

小学生や中学生には、本と本の間のつなぎに、人形に短い詩やことばあそびを暗唱させるととても好評です。

★参考資料

『手ぶくろ人形の部屋』高田千鶴子著　偕成社

わらべ歌やお話に出てくる人物や動物の手ぶくろ人形のつくり方（型紙付）と人形をつかった　歌遊びや寸劇を紹介。そのまま「おはなし会」でつかえる。

『いっしょにつくろう～絵本の世界をひろげる手づくりおもちゃ』高田千鶴子他製作　村田まり子絵　褒昭写真　福音館書店

「おはなし会」にぜひ登場させたい名作絵本や物語の主人公の人形や小物のつくり方。(型紙付)

『フェルトと手袋で作る小さな小さな動物たち』酒本美登里著　文化出版局

「おおきなかぶ」「三びきのこぶた」など、お話の中の主人公の人形のつくり方。(型紙付)

自然な動きになって
いるかどうか
鏡をみながら
練習するといいヨ。

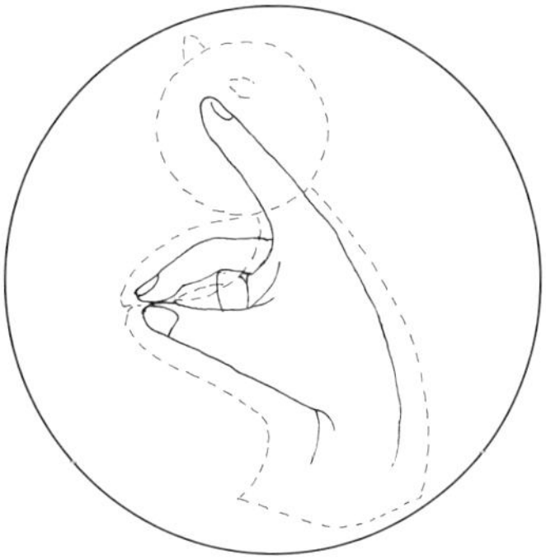

（２）小道具を使ったお話

折り紙、新聞紙、カードなどのかんたんな小道具や、時には自分の指などをつかって語るお話。気のきいた小道具をつかうことで、聞き手の注意をひきつけ、目先も変わるのでプログラムにメリハリがつきます。かんたんな小話は、会の導入や息抜き、「もうちょっと聞きたい」という時の最後のおまけにぴったり。幼児むきのお話もありますが、中学年以上の子どもやおとなに好評のネタをいくつか覚えておくと、「手遊びは幼稚すぎるかな？」と思った時の導入などにもつかえるので便利です。

ただし、お話をしっかり覚え、聞き手の反応に合わせて、小道具をタイミングよくつかえないと成功しませんから、じゅうぶん練習しておきましょう。

★参考資料

『おはなしおばさんの小道具』『続おはなしおばさんの小道具』　藤田浩子編著　一声社

１分程度の小さなお話から長いお話まで、小道具のつくり方、台本、演じ方を紹介。

こんな時にこんな本を
（ジャンル別ブックリスト）

これは、私が図書館や学校でよく読み聞かせをする絵本の一部を紹介したものです。集団で読むことを前提にリストアップしたので、いい絵本でも絵が小さすぎるものは省いてありますし、家庭で読む時より対象年齢はすこし低く設定しています。出版社で品切れの本は、図書館で見てみてください。

★（　　）内は集団で読み聞かせする時の対象年齢のめやす。

★初級、中級、上級とは、小学校１～６年生程度のグレードを３つに分けたもの。

赤ちゃんや幼児が喜ぶ絵本

いないいないばあ（１～５歳）　松谷みよ子文　瀬川康男画　童心社

いぬ（２～６歳）　ジョン・バーニンガム作　谷川俊太郎訳　冨山房

うさこちゃんとどうぶつえん（３～５歳）　ディック・ブルーナぶん・え　石井桃子やく　福音館書店

おかあさんだ（１～５歳）　まついのりこさく　偕成社

おちちをくっくっ（１～５歳）　松野正子さく　横内襄え　童心社

おつきさまこんばんは（１～５歳）　林明子さく　福音館書店

おっとせいおんど（３歳～初級）　神沢利子文　あべ弘士絵　福音館書店

おててがでたよ（１～５歳）　林明子さく　福音館書店

おふろだぞう（２～５歳）　すえよしあきこさく　いせひでこえ　BL 出版

おふろでちゃぷちゃぷ（2～5歳） 松谷みよ子文　岩崎ちひろ絵　童心社

おんなじおんなじ（2～5歳） 多田ヒロシ　こぐま社

かぜのこもりうた（3歳～初級） くどうなおこ詩　あべ弘士絵　童話屋

がたんごとんがたんごとん（1～4歳） 安西水丸さく　福音館書店

かばくん（2～6歳） 岸田衿子さく　中谷千代子え　福音館書店

かぶさんとんだ（3歳～5歳） 五味太郎　福音館書店

きゅっきゅっきゅっ（1～5歳） 林明子さく　福音館書店

きんぎょがにげた（3～6歳） 五味太郎作　福音館書店

くだもの（1～5歳） 平山和子さく　福音館書店

ころころころ（3歳～初級） 元永定正さく　福音館書店

さんぽくまさん（1～6歳） ひらやまえいぞうさく　福音館書店

三びきのやぎのがらがらどん～アスビョルンセンとモーの北欧民話～（3歳～初級） マーシャ・ブラウンえ　せたていじやく　福音館書店

しろくまちゃんのほっとけーき（2～6歳） わかやまけん　こぐま社

ぞうくんのさんぽ（2～6歳） なかのひろたかさく・え　なかのまさたかレタリング　福音館書店

たまごのあかちゃん（2～6歳） かんざわとしこぶん　やぎゅうげんいちろうえ　福音館書店

だれかしら～どうぶつあれあれえほん～（2～5歳） 多田ヒロシさく　文化出版局

だーれもいないだーれもいない（3～6歳） 片山健さく・え　福音館書店

タンタンのハンカチ（3歳～初級） いわむらかずお　偕成社

ちいさないえがありました（3歳～初級） バールブロー・リンドグレン文　エヴァ・エリクソン絵　ひしきあきらこ訳　小峰書店

ちいさなねこ（2～6歳） 石井桃子さく　横内襄え　福音館書店

ちびゴリラのちびちび（3歳～初級） ルース・ボーンスタインさく　いわたみみやく　ほるぷ出版

チューチューこいぬ（2～6歳） 長新太さく　BL出版

とんとんとめてくださいな（3歳～初級） こいでたんぶん　こいでやすこえ　福音館書店

トンネルにはいろう（2～6歳） まついのりこさく　童心社

どろんこどろんこ！（1〜5歳）　わたなべしげおぶん　おおともやすおえ　福音館書店

にんじん（1〜5歳）　せなけいこさく・え　福音館書店

にんじんさんがあかいわけ（3歳〜初級）　松谷みよ子ぶん　ひらやまえいぞうえ　童心社

ねこがいっぱい（2〜6歳）　グレース・スカールさく　やぶきみちこやく　福音館書店

のせてのせて（1〜5歳）　松谷みよ子文　東光寺啓絵　童心社

ばいばい（1〜5歳）　まついのりこさく　偕成社

はけたよはけたよ（3〜6歳）　かんざわとしこぶん　にしまきかやこえ　偕成社

ばったくん（3歳〜上級）　五味太郎　福音館書店

はらぺこあおむし（3歳〜初級）　エリック＝カールさく　もりひさしやく　偕成社

ぷくちゃんのすてきなぱんつ（3〜5歳）　ひろかわさえこさく　アリス館

ぼくのくれよん（2〜6歳）　長新太おはなし・え　講談社

ぼくのブッベはどこ？（3〜6歳）　藤田千枝ぶん　イロン・ヴィークランドえ　福音館書店

ぽぽぽぽぽ（2歳〜上級）　五味太郎　偕成社

みんなおっぱいのんでたよ（2〜6歳）　木坂涼ぶん　木村しゅうじえ　福音館書店

みんなうんち（3〜6歳）　五味太郎さく　福音館書店

もりのピアノ（3歳〜上級）　いわむらかずお　ひさかたチャイルド

やまんじいとたろう（2歳〜初級）　松谷みよ子ぶん　西山三郎え　童心社

よるのびょういん（3歳〜初級）　谷川俊太郎作　長野重一写真　福音館書店

ラチとらいおん（3歳〜初級）　マレーク・ベロニカぶん・え　とくながやすもとやく　福音館書店

わたしのワンピース（2〜初級）　にしまきかやこえとぶん　こぐま社

わんわんわんわん（2〜初級）　高畠純作　理論社

楽しくて、元気になれる絵本

アイラのおとまり（初級〜中級）　バーナード・ウエーバー作・絵　まえざわあきえ訳　徳間書店

あかてぬぐいのおくさんと7にんのなかま（中級〜中学）　イ　ヨンギョンぶん・え　かみやにじやく　福音館書店

いいものひろった（5歳〜中学）　なかのひろたか作　二俣英五郎絵　童心社

いたずらきかんしゃちゅうちゅう（初級〜中級）　バージニア・リー・バートンぶん・え　むらおかはなこやく　福音館書店

いたずらこねこ（4歳〜中級）　バーナディン・クックぶん　レミイ・シャーリップえ　まさきるりこやく　福音館書店

うんがにおちたうし（初級〜上級）　フィリス・クラシロフスキー作　ピーター・スパイアー絵　みなみもとちか訳　ポプラ社

王さまと九にんのきょうだい（初級〜中級）　中国の民話　君島久子訳　赤羽末吉絵　岩波書店

おおきなかぶ（4歳〜初級）　ロシア民話　A.トルストイ再話　内田莉莎子訳　佐藤忠良画　福音館書店

おおきなきがほしい（初級〜中級）　さとうさとるぶん　むらかみつとむえ　偕成社

おじさんのかさ（初級〜中学）　佐野洋子作・絵　講談社

おだんごぱん（5歳〜初級）　ロシア民話　せたていじやく　わきたかずえ　福音館書店

おつきさんどうしたの（初級〜中級）　E.M.プレストン文　B.クーニー絵　岸田衿子訳　岩波書店

おばけリンゴ（初級〜中級）　ヤーノシュさく　やがわ・すみこやく　福音館書店

おまたせクッキー（5歳〜初級）　パット＝ハッチンスさく　乾侑美子やく　偕成社

かえでがおか農場のなかまたち（中級〜上級）　アリスとマーティン・プロベンセン作・絵　乾侑美子訳　童話館出版

かさどろぼう（初級〜上級）　シビル・ウェタシンへさく　いのくまようこやく　ベネッセコーポレーション

がまんだがまんだうんちっち（初級〜中級）　梅田俊作ほか作・絵　岩崎書店

かもさんおとおり（中級〜上級）　ロバート・マックロスキーぶんとえ　わたなべしげおやく　福音館書店

ガンピーさんのドライブ（5歳〜中級）　ジョン・バーニンガムさく　みつよしなつややく　ほるぷ出版

きつねをつれてむらまつり（5歳〜中級）　こわせたまみ作　二俣英五郎絵　教育画劇

くいしんぼうのはなこさん（5歳〜初級）　いしいももこぶん　なかたにちよこえ　福音館書店

くまのコールテンくん（4歳〜初級）　ドン＝フリーマンさく　まつおかきょうこやく　偕成社

クリスマスのおきゃくさま（5歳〜上級）　ダイアナ・ヘンドリー文　ジョン・ロレンス絵　ふじいみきこ訳　徳間書店

ぐりとぐら（4歳〜初級）　なかがわりえこ　と　おおむらゆりこ　福音館書店

ぐるんぱのようちえん（4歳〜初級）　西内みなみさく　堀内誠一え　福音館書店

くんちゃんのはじめてのがっこう（5歳〜初級）　ドロシー・マリノさく　まさきるりこやく　ペンギン社

コートニー（初級〜中学）　ジョン・バーニンガムさく　たにかわしゅんたろうやく　ほるぷ出版

こまった鳥の木（初級〜上級）　スーザン・メドーさく　長谷川集平やく　あすなろ書房

サリーのこけももつみ（初級〜上級）　ロバート・マックロスキー文・絵　石井桃子訳　岩波書店

さんねん峠〜朝鮮のむかしばなし〜（中級〜中学）　李錦玉作　朴民宜絵　岩崎書店

しのちゃんと4ひきのともだち（5歳〜初級）　織茂恭子作・絵　岩崎書店

スイミー〜ちいさなかしこいさかなのはなし〜（5歳〜初級）　レオ＝レオニ

谷川俊太郎訳　好学社

ぞうのホートンたまごをかえす（初級〜中学）　ドクター＝スースさく・え　しらきしげるやく　偕成社

そらいろのたね（4歳〜初級）　なかがわりえこ文　おおむらゆりこ絵　福音館書店

ちいさなヒッポ（4歳〜初級）　マーシャ＝ブラウンさく　うちだりさこやく　偕成社

ちょろりんのすてきなセーター（5歳〜中級）　降矢ななさく・え　福音館書店

ティッチ（4歳〜初級）　パット・ハッチンスさく・え　いしいももこやく　福音館書店

てぶくろ（4歳〜初級）　ウクライナ民話　エウゲーニー・M・ラチョフえ　うちだりさこやく　福音館書店

どうながのプレッツェル（4歳〜初級）　マーグレット・レイぶん　H.A.レイえ　わたなべしげおやく　福音館書店

とべバッタ（初級〜中級）　田島征三　偕成社

トーマスのもくば（5歳〜初級）　小風さち作　長新太絵　福音館書店

どろんここぶた（5歳〜上級）　アーノルド・ローベル作　岸田衿子訳　文化出版局

どろんこハリー（4歳〜初級）　ジーン・ジオンぶん　マーガレット・ブロイ・グレアムえ　わたなべしげおやく　福音館書店

ねずみのおよめいり（初級〜中学）　モニカ・チャン文　レスリー・リョウ絵　高佩玲訳　河出書房新社

ねずみのとうさんアナトール（中級〜中学）　イブ・タイタス文　ポール・ガルドン絵　晴海耕平訳　童話館出版

はじめてのおつかい（5歳〜初級）　筒井頼子さく　林明子え　福音館書店

はじめてのおるすばん（4歳〜初級）　しみずみちを作　山本まつ子絵　岩崎書店

はじめてのふゆ（初級〜上級）　ロブ・ルイスさく　ふなとよしこやく　ほるぷ出版

はたらきもののあひるどん（初級〜中級）　マーティン・ワッデルさく　ヘレ

ン・オクセンバリーえ　せなあいこやく　評論社

はちうえはぼくにまかせて（5歳〜初級）　ジーン・ジオンさく　マーガレット・ブロイ・グレアムえ　もりひさしやく　ペンギン社

はなをくんくん（3歳〜中学）　ルース・クラウスぶん　マーク・サイモントえ　きじまはじめやく　福音館書店

ハーモニカのめいじんレンティル（初級〜上級）　ロバート・マックロスキーぶんとえ　まさきるりこやく　国土社

ハリーのセーター（5歳〜初級）　ジーン・ジオンぶん　マーガレット・ブロイ・グレアムえ　わたなべしげおやく　福音館書店

100まんびきのねこ（初級〜上級）　ワンダ・ガアグぶん・え　いしいももこやく　福音館書店

びゅんびゅんごまがまわったら（初級〜中級）　宮川ひろ作　林明子絵　童心社

ふんふんなんだかいいにおい（4歳〜初級）　にしまきかやこえとぶん　こぐま社

ぼくは一ねんせいだぞ！（初級）　ふくだいわおさく　童心社

ポケットのないカンガルー（5歳〜中級）　エミイ・ペインさく　H.A.レイえ　にしうちミナミやく　偕成社

もりのひなまつり（4歳〜上級）　こいでやすこさく　福音館書店

りんごの花（中級〜上級）　後藤竜二・長谷川知子　新日本出版社

ゆかいで笑いたくなる絵本

アベコベさん（初級〜上級）　フランセスカ・サイモン文　ケレン・ラドロー絵　青山南訳　文化出版局

あめふり〜ばばばあちゃんのおはなし〜（5歳〜中級）　さとうわきこさく・え　福音館書店

あらしのよるに（中級〜中学）　木村裕一作　あべ弘士絵　講談社

いつもちこくのおとこのこ〜ジョン・パトリック・ノーマン・マクヘネシー〜（初級〜中級）　ジョン・バーニンガムさく　たにかわしゅんたろうやく　あか

ね書房

うごいちゃだめ！（初級〜中学）　エリカ・シルヴァマンぶん　S.D.シンドラーえ　せなあいこやく　アスラン書房

うそっこうさぎ（初級〜中級）　森山京文　広瀬弦絵　文化出版局

おかえし（5歳〜中級）　村山桂子さく　織茂恭子え　福音館書店

おさるとぼうしうり（初級〜中学）　エズフィール・スロボドキーナさく・え　まつおかきょうこやく　福音館書店

おしゃべりなたまごやき（初級〜上級）　寺村輝夫作　長新太画　福音館書店

おちゃのじかんにきたとら（5歳〜初級）　ジュディス・カー作　晴海耕平訳　童話館出版

おとなしいめんどり（5歳〜上級）　ポール・ガルドン作　谷川俊太郎訳　童話館

おやすみアルフォンス！（5歳〜中級）　グニッラ＝ベリィストロムさく　やまのうちきよこやく　偕成社

おりこうねこ（初級〜中学）　ピーター・コリントン作・絵　いずむらまり訳　徳間書店

きっとみんなよろこぶよ！（5歳〜初級）　ピーター・スピアー　松川真弓やく　評論社

きつねのホイティ（初級〜上級）　シビル・ウェッタシンハさく　まつおかきょうこやく　福音館書店

キャベツくん（初級）　長新太文・絵　文研出版

ごちゃまぜカメレオン（5歳〜初級）　エリック・カールさく　やぎたよしこやく　ほるぷ出版

ざぼんじいさんのかきのき（初級〜上級）　すとうあさえ文　織茂恭子絵　岩崎書店

じごくのそうべえ〜桂米朝・上方落語・地獄八景より〜（中級〜中学）　たじまゆきひこ作　童心社

11ぴきのねこ（初級〜中級）　馬場のぼる　こぐま社

11ぴきのねことあほうどり（初級〜中級）　馬場のぼる　こぐま社

3びきのかわいいオオカミ（初級〜上級）　ユージーン・トリビザス文　ヘレン・オクセンバリー絵　こだまともこ訳　冨山房

すいかのたね〜ばばばあちゃんのおはなし〜(初級〜中級)　さとうわきこさく・え　福音館書店

せかい１おいしいスープ〜あるむかしばなし〜（中級〜中学）　マーシャ・ブラウンえ　わたなべしげおやく　ペンギン社

せんせい（５歳〜初級）　大場牧夫ぶん　長新太え　福音館書店

せんたくかあちゃん（５歳〜中級）　さとうわきこさく・え　福音館書店

だってだってのおばあさん（５歳〜初級）　さのようこ作・絵　フレーベル館

だんごどっこいしょ（初級〜中級）　大川悦生作　長谷川知子絵　ポプラ社

とのさまサンタ（初級〜中級）　本田カヨ子ぶん　長野ヒデ子え　リブリオ出版

どろぼうがっこう（初級〜中級）　かこさとし絵と文　偕成社

歯いしゃのチュー先生（初級〜上級）　ウィリアム・スタイグぶんとえ　うつみまおやく　評論社

バックルさんとめいけんグロリア（初級〜上級）　ペギー・ラスマンさく・え　ひがしはるみやく　徳間書店

パパ、ちょっとまって！（５歳〜中級）　グニッラ＝ベリィストロムさく　やまのうちきよこやく　偕成社

ピッツァぼうや（５歳〜初級）　ウィリアム・スタイグ作　木坂涼訳　セーラー出版

ひとのいいネコ（初級〜中学）　南部和也文　田島征三絵　小学館

ひとまねこざる（５歳〜中級）　エッチ・エイ・レイ文・絵　光吉夏弥訳　岩波書店

ベーコンわすれちゃだめよ！（５歳〜中級）　パット＝ハッチンスさく　わたなべしげおやく　偕成社

へっこきあねさがよめにきて（初級〜上級）　大川悦生文　太田大八絵　ポプラ社

まあちゃんのながいかみ（５歳〜初級）　たかどのほうこさく　福音館書店

ものぐさトミー（初級〜中学）　ペーン・デュボア文・絵　松岡享子訳　岩波書店

心あたたまり、しみじみする絵本

アンナの赤いオーバー（初級〜上級）　ハリエット・ジィーフェルトぶん　アニタ・ローベルえ　松川真弓やく　評論社

うみをあげるよ（５歳〜初級）　山下明生作　村上勉絵　偕成社

エマおばあちゃん（中級〜中学）　ウェンディ・ケッセルマン文　バーバラ・クーニー絵　もきかずこ訳　徳間書店

おおきくなりすぎたくま（中級〜中学）　リンド・ワード文画　渡辺茂男訳　ほるぷ出版

おにたのぼうし（初級〜中級）　あまんきみこ文　岩崎ちひろ絵　ポプラ社

14 ひきのおつきみ（４歳〜中学）　いわむらかずお　童心社

すきときどききらい（初級〜中級）　東君平文　和歌山静子絵　童心社

すてきな三にんぐみ（５歳〜初級）　トミー＝アンゲラーさく　いまえよしともやく　偕成社

スーホの白い馬（初級〜上級）　モンゴル民話　大塚勇三再話　赤羽末吉画　福音館書店

ターちゃんとペリカン（初級〜上級）　ドン・フリーマンさく　さいおんじさちこやく　ほるぷ出版

ちいさいおうち（初級〜中学）　ばーじにあ・りー・ばーとんぶんとえ　いしいももこやく　岩波書店

ちびねこミッシェル（５歳〜中級）　東君平文　和歌山静子絵　童心社

月夜のみみずく（中級〜中学）　ジェイン＝ヨーレン詩　ジョン＝ショーエンヘール絵　くどうなおこ訳　偕成社

八郎（上級〜中学）　斉藤隆介作　滝平二郎画　福音館書店

100 万回生きたねこ（初級〜中学）　佐野洋子作・絵　講談社

ブータン（５歳〜中級）　太田大八作　こぐま社

ボルカ〜はねなしがちょうのぼうけん〜（初級〜上級）　ジョン・バーニンガムさく　きじまはじめやく　ほるぷ出版

みんなのベロニカ（５歳〜初級）　ロジャー・デュボアザンさく・え　神宮輝夫やく　童話館出版

モチモチの木（中級～中学） 斉藤隆介作 滝平二郎絵 岩崎書店

ロバのシルベスターとまほうのこいし（初級～上級） ウィリアム・スタイグ せたていじやく 評論社

ふしぎな世界、どきどきする冒険の絵本

いしになったかりゅうど（初級～上級） モンゴル民話 大塚勇三再話 赤羽末吉画 福音館書店

いちごばたけのちいさなおばあさん（５歳～上級） わたりむつこさく 中谷千代子え 福音館書店

いっすんぼうし（５歳～中級） いしいももこぶん あきのふくえ 福音館書店

うさぎのくれたバレエシューズ（初級～中級） 安房直子文 南塚直子絵 小峰書店

うさぎのみみはなぜながい（中級～上級） メキシコ民話 北川民次ぶんとえ 福音館書店

エンソくんきしゃにのる（４歳～初級） スズキコージさく 福音館書店

おおかみと七ひきのこやぎ（５歳～初級） グリム童話 フェリクス・ホフマンえ せたていじやく 福音館書店

おしいれのぼうけん（５歳～初級） ふるたたるひ・たばたせいいちさく 童心社

おっきょちゃんとかっぱ（５歳～中級） 長谷川摂子文 降矢奈々絵 福音館書店

女トロルと８人の子どもたち～アイスランドの巨石ばなし～（中級～上級） グズルン・ヘルガドッティル作 ブリアン・ピルキングトン絵 やまのうちきよこ訳 偕成社

かいじゅうたちのいるところ（４歳～初級） モーリス・センダックさく じんぐうてるおやく 冨山房

くわずにょうぼう（５歳～中学） 稲田和子再話 赤羽末吉画 福音館書店

ケイティーとおおきなくまさん（５歳～初級） ヘルマン・メールス文 ヨゼ

フ・ウィルコン絵　鷺沢萠訳　講談社

三びきのこぶた（４歳〜初級）　イギリス昔話　瀬田貞二訳　山田三郎画　福音館書店

三びきのこぶた（４歳〜初級）　イギリスの昔話　ポール・ガルドンえ　晴海耕平やく　童話館

ジャイアント・ジャム・サンド（初級〜上級）　ジョン・ヴァーノン・ロードぶん・え　安西徹雄やく　アリス館

しりっぽおばけ（５歳〜中級）　ジョアンナ・ガルドン再話　ポール・ガルドン絵　代田昇訳　ほるぷ出版

せかいいち大きな女の子のものがたり（初級〜中学）　アン・アイザックス文　ポールＯ・ゼリンスキー絵　落合恵子訳　冨山房

だいくとおにろく（５歳〜中学）　松居直再話　赤羽末吉画　福音館書店

だいふくもち（初級〜中学）　田島征三作　福音館書店

とうもろこしおばあさん〜アメリカ・インディアン民話〜（中級〜上級）　秋野和子再話　秋野亥左牟画　福音館書店

トロールのばけものどり（初級〜上級）　イングリ・ドーレアとエドガー・ドーレア作　いつじあけみ訳　福音館書店

ニコラス・グリーブのゆうれい（中級〜上級）　トニー・ジョンストン文　S.D.シンドラー絵　きたむらさとし訳　BL出版

はろるどのふしぎなぼうけん（４歳〜初級）　クロケット・ジョンソン作　岸田衿子訳　文化出版局

ふうせんばたけのひみつ（中級〜中学）　ジャーディン・ノーレン文　マーク・ビーナー絵　山内智恵子訳　徳間書店

ふしぎなたけのこ（初級〜中級）　松野正子さく　瀬川康男え　福音館書店

ふしぎなボール（中級〜上級）　フィリパ・ピアス文　ヘレン・ガンリー絵　猪熊葉子訳　岩波書店

ぼくのへやにうみがある（５歳〜初級）　マーガレット・ワイルドぶん　ジェーン・ターナーえ　しろたのぼるやく　ほるぷ出版

ぼくはくまのままでいたかったのに……（中級〜中学）　イエルク・シュタイナーぶん　イエルク・ミュラーえ　おおしまかおりやく　ほるぷ出版

まさ夢いちじく（中級〜中学）　C・V・オールズバーグ絵と文　村上春樹訳

河出書房新社

もりのなか（4歳〜初級） マリー・ホール・エッツぶん・え まさきるりこやく 福音館書店

めっきらもっきらどおんどん（5歳〜中級） 長谷川摂子作 ふりやなな画 福音館書店

やまねこぼうや（5歳〜中級） かんざわとしこぶん スズキコージえ 童心社

ゆきおんな（初級〜中学） まつたにみよこぶん あさくらせつえ ポプラ社

雪の上のなぞのあしあと（中級〜上級） あべ弘士さく 福音館書店

こころ・いのち・自然が大切に思える絵本

いきかえった谷津ひがた（中級〜上級） 木暮正夫作 渡辺あきお絵 佼成出版社

いなびかり（初級〜上級） 吉田遠志絵と文 ベネッセコーポレーション

海をかえして！（初級〜上級） 丘修三・長野ヒデ子 童心社

かさをささないシランさん（上級〜中学） 谷川俊太郎・アムネスティ・インターナショナル作 いせひでこ絵 理論社

さあ歩こうよおじいちゃん（初級〜上級） トミー・デ・パオラさく・え たかぎゆきこやく 絵本の家

さっちゃんのまほうのて（初級〜上級） たばたせいいいち他共同制作 偕成社

しまふくろうとふゆのつき（初級〜中学） 手島圭三郎作 偕成社

しまふくろうのみずうみ（初級〜中学） 手島圭三郎絵と文 リブリオ出版

たすけて（初級〜中学） 田島征三ことば・文字 宮入芳雄・さとうあきら写真 山上裕司デザイン 童心社

ちいさいタネ（5歳〜上級） エリック＝カールさく ゆあさふみえやく 偕成社

ちえちゃんの卒業式（中級〜中学） 星川ひろ子写真・文 小学館

テンボ〜ひとりぼっちのアフリカぞう〜（中級〜中学） サンガ・N・カザディ

文　いそけんじ絵　アスラン書房
におい山脈（中級〜上級）　椋鳩十著　梶山俊夫画　あすなろ書房
ピンクとスノーじいさん（5歳〜中級）　村上康成　徳間書店
ピンク！パール！（5歳〜中級）　村上康成　徳間書店
ピンク、ぺっこん（5歳〜中級）　村上康成　徳間書店
ブラザー　イーグル、シスター　スカイ〜酋長シアトルからのメッセージ〜（上級〜中学）　スーザン・ジェファーズ絵　徳岡久生・中西敏夫訳　JULA出版局
ぼくのおにいちゃん（中級〜上級）　星川ひろ子写真・文　星川治雄写真　小学館
やまからにげてきた・ゴミをぽいぽい（初級〜上級）　田島征三　童心社
雪の写真家ベントレー（中級〜中学）　ジャクリーン・ブリッグズ・マーティン作　メアリー・アゼアリアン絵　千葉茂樹訳　BL出版
ワンプのほし（初級〜中級）　ビル・ピート作・絵　代田昇訳　佼成出版社

戦争と平和について考える絵本

かこいをこえたホームラン（上級〜中学）　ケン・モチヅキ作　ドム・リー絵　ゆりようこ訳　岩崎書店
すみれ島（上級〜中学）　今西祐行文　松永禎郎絵　偕成社
せかいいちうつくしいぼくの村（中級〜中学）　小林豊　ポプラ社
トビウオのぼうやはびょうきです（初級〜中級）　いぬいとみこ作　津田櫓冬絵　金の星社
ひろしまのピカ（上級〜中学）　丸木俊え・文　小峰書店
わすれないで〜第五福竜丸ものがたり〜（上級〜中学）　赤坂三好文・絵　金の星社

科学の知識が伝わる絵本

いちご（３歳〜初級） 平山和子さく 福音館書店

いのちの木〜あるバオバブの一生〜（中級〜中学） バーバラ・バッシュ文・絵 百々佑利子訳 岩波書店

ウナギのひみつ（中級〜中学） カレン・ウォレス文 マイク・ボストク絵 百々佑利子訳 岩波書店

おなら（初級〜中級） 長新太さく 福音館書店

おへそのひみつ（初級〜中級） やぎゅうげんいちろうさく 福音館書店

かさぶたくん（初級〜中級） やぎゅうげんいちろうさく 福音館書店

こいぬがうまれるよ（初級〜上級） ジョアンナ・コール文 ジェローム・ウェクスラー写真 つぼいいくみ訳 福音館書店

さばくのカエル（初級〜上級） 松井孝爾ぶん・え 新日本出版社

しずくのぼうけん（初級） マリア・テルリコフスカさく ボフダン・ブテンコえ うちだりさこやく 福音館書店

しっぽのはたらき（初級） 川田健ぶん 藪内正幸え 今泉吉典監修 福音館書店

しまふくろう（初級〜中学） 山本純郎・神沢利子ぶん 山本純郎写真 福音館書店

たんぽぽ（５歳〜中級） 平山和子ぶん・え 福音館書店

つくし（中級〜中学） 甲斐信枝さく 福音館書店

ははははのはなし（初級） 加古里子ぶん・え 福音館書店

ひぐまの冬ごもり（中級〜上級） 加納菜穂子ぶん 滝波明生え 新日本出版社

ふゆめがっしょうだん（初級〜中学） 冨成忠夫・茂木透写真 長新太文 福音館書店

むしたちのさくせん（初級〜中級） 宮武頼夫文 得田之久絵 福音館書店

やぶかのはなし（初級〜中学） 栗原毅ぶん 長新太え 福音館書店

導入、気分転換、息ぬきにぴったりな絵本

ウラパン・オコサ〜かずあそび〜（5歳〜中級）　谷川晃一　童心社

おつかい（5歳〜中級）　さとうわきこさく・え　福音館書店

おにぎり（3歳〜中学）　平山英三ぶん　平山和子え　福音館書店

かかかかか（5歳〜中学）　五味太郎　偕成社

かぞえうたのほん（5歳〜中級）　岸田衿子作　スズキコージ絵　福音館書店

がたごとがたごと（5歳〜上級）　内田麟太郎文　西村繁男絵　童心社

がちゃがちゃどんどん（2歳〜上級）　元永定正さく　福音館書店

かようびのよる（5歳〜中学）　デヴィッド・ウィーズナー作・絵　当麻ゆか訳　徳間書店

ゴムあたまポンたろう（5歳〜中級）　長新太作　童心社

これはおひさま（初級〜中級）　谷川俊太郎ぶん　大橋歩え　福音館書店

これはのみのぴこ（初級〜中級）　谷川俊太郎作　和田誠絵　サンリード

ごろごろにゃーん（5歳〜中級）　長新太作・画　福音館書店

つきよのおんがくかい（5歳〜中級）　山下洋輔文　柚木沙弥郎絵　秦好史郎構成　福音館書店

つきよのかいじゅう（初級〜中学）　長新太さく　佼成出版社

でんしゃにのって（4歳〜初級）　とよたかずひこ著　アリス館

とりかえっこ（5歳〜上級）　さとうわきこ作　二俣英五郎絵　ポプラ社

なんげえはなしっこしかへがな（初級〜中学）　北彰介文　太田大八絵　銀河社

にゅーっするするする（3歳〜中学）　長新太　福音館書店

ねずみくんのチョッキ（3歳〜中学）　なかえよしを作　上野紀子絵　ポプラ社

ふしぎなナイフ（4歳〜中学）　中村牧江・林健造さく　福田隆義え　福音館書店

ぼくのおかあさんはでぶだぞ（初級〜中学）　そうまこうへい　架空社

ぼくのおとうさんははげだぞ（初級〜中学）　そうまこうへい　架空社

ぼちぼちいこか（初級〜上級）　マイク＝セーラーさく　ロバート＝グロスマ

ンえ　いまえよしともやく　偕成社

もけらもけら（3歳〜中学）　山下洋輔ぶん　元永定正え　中辻悦子構成　福音館書店

もこもこもこ（2歳〜中学）　たにかわしゅんたろうさく　もとながさだまさえ　文研出版

やさいのおなか（4歳〜中学）　きうちかつさく・え　福音館書店

よかったねネッドくん（5歳〜上級）　レミー＝チャーリップさく　やぎたよしこやく　偕成社

ロージーのおさんぽ（4歳〜中級）　パット＝ハッチンスさく　わたなべしげおやく　偕成社

あとがき

読み聞かせをしているおかげで、私は図書館にいても、道を歩いていても、よく子どもたちに声をかけられます。何日か前のおはなし会に来ていた３歳の女の子に「読んだよねー」とにっこりされたり、道端で出くわした小学生に「あっ、『うごいちゃだめ！』だ！」と、読み聞かせた絵本の題名で呼ばれたり、そんな時、私はうれしすぎてニヤニヤ笑いが止まらなくなります。どの子も私が読んだ本のことをしっかり覚えていてくれるのですから。

図書館の大事な仕事は、人（子ども）と本を結ぶこと。私は、図書館のおはなし会で読み聞かせの魅力を初めて味わったあの瞬間に、１人でも多くの子どもに読み聞かせをして、絵本やお話の楽しさを伝えたいと思いました。ついには、町立図書館に来られない子や、家庭で本に出会えない子にも「町じゅうの子どもに絵本を読んであげたい」という、新米司書らしからぬ大それた夢を抱いてしまったのです。でも、その夢は、図書館職員の力だけでは到底実現できません。だから、絵本の魅力を語り合い、絵本を子どもたちに読み聞かせる仲間が、どうしてもほしかったのです。

それからは図書館のカウンターにいても、書架の間にいても、「本好き、子ども好きの人はいないかな？」とアンテナを張りめぐらせる日々。こうして15年の間に、私の思いに賛同してくれる大勢の人々と知り合うことができました。読み聞かせをそれぞれの活動の中にしっかり位置づけている町の保育所、児童館、学童保育所の先生たち。こつこつと読み聞かせを続けている教師や学校図書館司書。そして、頼もしい読み聞かせボランティアのお母さん方。みんなみんな心強い仲間たちです。

町の中に読み聞かせの輪が広がるにつれ、「本の選び方」、「読み聞かせの会

（おはなし会）の開き方」などの相談を受ける回数が増えていきました。講師として招かれた講習会では、ワープロ打ちの簡単なレジュメを用意しますが、それでは私が伝えたいことの10分の1も書けません。いいテキストになる本はないかと探しても、読み聞かせの素晴らしさや実践を伝える本はたくさんあるのに、読み聞かせの方法のコツをまとめた実用的な本はあまりないように思えました。何年もの間、手製のレジュメを持ち歩き、「どうしたらうまくいくのか」と悩みを抱える熱心なお母さんや先生方との出会いを重ねるうちに、今までの私の経験と知恵をまとめた「読み聞かせの本」をつくりたい、と思うようになったのです。読んだ人が「これなら私にもできそうだわ」と思ってくれるような、イラスト付の「読み聞かせのHOW TO BOOK」です。

こんな私の思いを受け止めてくれたのが編集者の土師睦子さん。ある公共図書館での講習会に、見学に来た彼女に思いを打ち明けたのがきっかけでした。なまけ者の私を励まし、するどいアドバイスをくれたあなた抜きにはこの本は生まれませんでした。ありがとう！　また、出版を引き受けてくださった上に、細事に渡って大奮闘してくださった一声社の米山傑さん、楽しいイラストや素敵な表紙絵を描いてくださったせきしいずみさん、しゃれた紙面に仕上げてくださったデザイナーの石山悠子さん。そしてなによりも、「子どもたちに本を」という思いを理解し、ときに突っ走りすぎてしまう私を応援してくれた我が図書館のスタッフに心から感謝しています。

この本の企画を知った3年前、あんなに喜んでくれた父は、私がなかなか仕事にかからないでいるうちに病気が悪化し、昨年の4月3日に逝ってしまいました。子どものための読書運動に情熱を注いでいた父の口癖は、「あきらめずに闘え」と「謙虚になれ」。元気だった頃には気にもとめずにいたのに、父が亡くなってからは、くじけそうになると「闘え！　そして謙虚にな」という父の言葉が聞こえてきては、私に活を入れてくれるのです。

「パパ、ここにたどり着くまでにはいろいろあったけど、それでもやっとこの本が完成しましたよ。パパの合格点がもらえるかしらとドキドキしています。あのね、この頃、パパの血がこの私にも流れているんだなあってよく思うんだよ」

平成13年4月3日

代田知子

代田知子（しろた・ともこ）
1956年、東京、練馬生まれの練馬育ち。
子どもの本の研究者で作家の父と、小学校教諭の母の影響で、早くから本に親しむ。
現在、子どもたちへの読み聞かせを中心としながら、司書向け研修などの講師としても活躍中。
三芳町立図書館運営相談員（元館長）
一般社団法人　日本子どもの本研究会会長

装画・イラスト　せきしいずみ

装丁・デザイン　石山悠子

読み聞かせわくわくハンドブック
～家庭から学校まで～

2001年4月27日　第1版発行
2024年7月1日　第1版第14刷発行

著　者　代田知子
発行者　米山　傑
発行所　株式会社　一声社
〒125-0033　東京都葛飾区東水元2－13－1
TEL 03-6676-2179／FAX 03-6326-8150
E-mail　info@isseisha.net　URL　http://www.isseisha.net/
印刷所　壮光舎印刷株式会社

この本に関するご質問や著者へのお問い合わせは、E-mailかお便りで一声社までお気軽にどうぞ。

ISBN978-4-87077-161-1　JASRAC　出0102813-101

いつでも・どこでも　これさえあればあそべるシリーズ

藤田浩子・編著　各本体 1,200 円 + 税

ISBN978-4-87077-265-6

①あやとりでおはなし

手と脳を発達させる “あやとりあそび”

子どもができる「パンパンほうき」や「カニ」、ひもが指を移動していく「貸して」、かけたひもがするするほどける「指ぬき」などの手品あやとりや、あやとりひもを使ったおはなしあそびなど、ひも１本あればできるあそびのアイデア満載です。

ISBN978-4-87077-269-4

②ハンカチでおはなし

想像力・創造力を育てる “布あそび”

ナイロン製の透けるカラー布を使った「わたげわたげ」「チョウチョ」「すっぺらぽん」、ハンカチを折りたたみながらするおはなしあそび、ハンカチでつくる人形など、布であそぶ本。わらべうたも多数紹介しています。

布あそび用カラーナイロン布

トリコットハーフ

〈A セット〉〈B セット〉

各本体 1,200 円 + 税

※『トリコットハーフ』のご注文は、 直接一声社まで。

・1 枚のサイズ：23 × 23cm

〈A セット〉10 色（桃 赤 橙 黄 緑 水 青 紫 白 茶）

各3枚　計 30 枚入

〈B セット〉2 色（赤 黄）

各 15 枚　計 30 枚入

ISBN978-4-87077-272-4

③紙とえんぴつでおはなし

絵描きあそびと、紙で作るおもちゃで手先を器用に

子どもと対話しながら進める絵描き話「ネコさんおはよう」や、「コックさん」などの伝承の絵描き歌のほか、１枚の紙で作るしかけのある紙おもちゃ「手つなぎおサル」「いないいないべえ」などを、作り方付で紹介しています。

④新聞紙・牛乳パック・おりがみでおはなし

ISBN978-4-87077-277-9

ただの紙からおもちゃを作り出す―発想力を鍛える

新聞紙２枚で「伸びるはしご」、牛乳パック２個で「動物絵合わせ」、画用紙で花火がパッと開く「瞬間変わり絵」など、かんたんに作れるしかけおもちゃ。作り方と、それを使ってするおはなし。

⑤手・顔・からだでおはなし

ISBN978-4-87077-281-6

ふれあいあそびが五感の発達を促す

道具がなにもなくてもできるふれあいあそび。お膝に載せて「カウボーイ」、「しゃくとりむし」でこちょこちょこちょ～、歌いながら頭やおなかをたたく「ぽんぽんおなか」。そのほか、左右の手を別々に動かす少し難しいあそびも。乳幼児から小学生まで、年齢に合わせたあそび方も紹介しています。

切って折るだけですぐにあそべる小道具

“紙とえんぴつでおはなし” 小道具セット

藤田浩子・さく

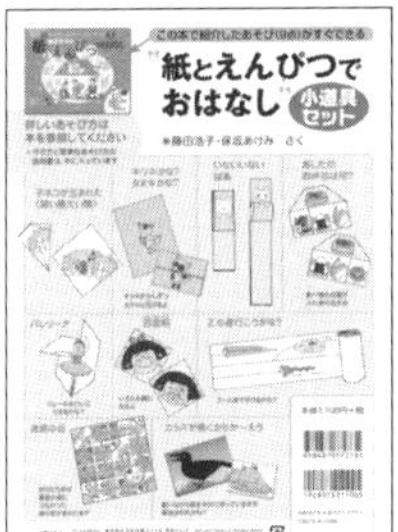

ISBN978-4-87077-273-1
本体 1,100 円 + 税

『紙とえんぴつでおはなし』掲載の紙おもちゃから、９作品をすぐにあそべる小道具にしました。
表情を変えてあそぶ「百面相」、おかずの位置が変わる「手品・お弁当」、手足を動かしてあそぶ「バレリーナ」など。

パッと開くと一瞬で絵が変わる　楽しい小道具

だれのたまご？・花火セット

切って
差し込む
だけで作れる

藤田浩子・さく

〈だれのたまご？〉４種類入（カメ・ヒヨコ・ダチョウ・恐竜）
小・中・大・特大（A3 サイズ）のたまごが割れると、それぞれの動物が現れます。大きさの違いも楽しい小道具です。

〈花火〉３種類入（アサガオ・ヒマワリ・花火）
夏の朝つぼみがパッと開いてアサガオが咲きます。大きなヒマワリも咲いて、真っ暗い夜空には……、パアーン！　パアーン！　花火は 2 回開いて、大画面（30 × 60cm）になります。

ISBN978-4-87077-282-3
本体 1,200 円 + 税

いないいないばあ（単品）

藤田浩子・さく

４種類入（ウサギ・犬・サル・おばけ）
ウサギさんが「いないいない」の顔から、パッと開くと「ばあ」の顔に変わります。犬さんも、サルさんも、「ばあ」っと元気よく現れますが、おばけさんは……開くと、消えていなくなります。保育・特別支援の場で根強い人気の小道具です。

ISBN978-4-87077-263-2
本体 700 円 + 税

＊「コートのおはなし（ドレスのおはなし付）」の入った、セット商品『おはなしの小道具セット②』（本体 1200 円 + 税）もあります。

おはなしが何度でも繰り返せる　回転紙芝居

リスとドングリ

リング綴じの
くるくる
めくる小道具

藤田浩子・さく

小さい子どもは繰り返しのおはなしが大好き

リスが冬ごもりに備えてドングリを、１個、２個…と頬に入れていき、いっぱい頬張ったところで、鼻がムズムズ…、「は～っくしょん！！！」。全部出してしまいました。最初からやり直しです。くるくるめくって、また最初の場面に戻ります。何度も何度もくしゃみをして出してしまうところが子どもたちは大好きです。繰り返しが楽しいおはなし小道具です。

ISBN978-4-87077-285-4
本体 1,000 円 + 税

子ども参加型の楽しい迷路ゲーム

おばけの森

藤田浩子・さく

ISBN978-4-87077-209-0
本体 2,000 円 + 税

毎回違った道になり、何度遊んでも飽きない！

６枚９場面のカードにある上下２つの道のどっちに行くのかを選びながら進めます。どちらかの道には妖怪がいて通せんぼ。妖怪に出会わずにおばあさんの家まで行かれれば成功です。カードの「順番」「裏表」「上下」を変えられるので、毎回新しい道を作れます。「おばあさんの家」は裏返せば左右が入れ替わります。小さい子どもから小学生まで楽しめます。

新しい出会いに大活躍　自己紹介パタパタ

本体 2,300 円 + 税

完成品 パタパタ

「わ・た・し・の・な・ま・え・は」を見せた後、「わ」のカードを下に折り下げると、パタパタとカードがひっくり返り、裏面の文字が現れます。また、反対に折り下げると、パタパタとひっくり返り「わたしのなまえは」に戻ります。おはなし会の最初に、新学期に、子どものハートをつかんで集中力が高まります。

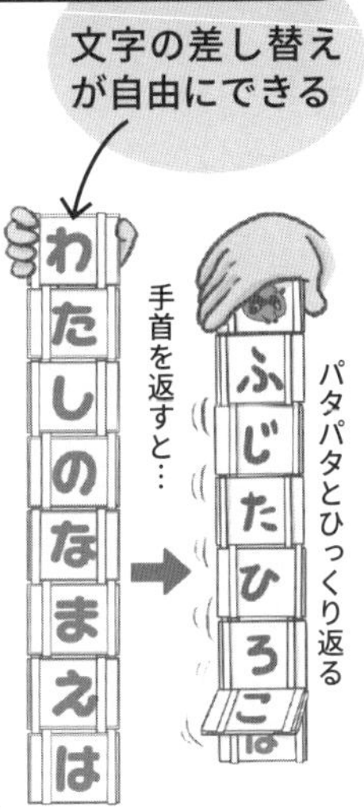

●入っているもの
- 「わ・た・し・の・な・ま・え・は」の文字カード
- 白紙のカード 10 枚（自分の名前用）
- 「四季の移り変わり」のおはなし絵カード（藤田浩子さんのおはなし付）
- 「タヌキ・ネコ・お花・クローバー」の絵カード

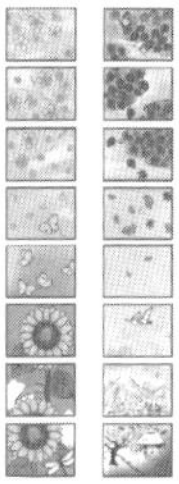

本体 1,500 円 + 税

自分で作るなら キット版 パタパタ

パタパタ本体用の厚紙８枚、ひも 34 本、作り方の説明書のほか、カード類は『完成品パタパタ』と同じものが入っています。

※『パタパタ』のご注文は、直接一声社まで。